香港尋味

吃一口蛋撻奶茶菠蘿油，在百年老舖與冰室、
茶餐廳，遇見港食文化的過去與現在

自序

現今各種旅行指南、網路美食博客發達，讓各式各樣的美食資料隨手可得，旅人到香港尋訪美食和打卡變得輕而易舉。但若有人對香港的一些飲食習慣原因和由來充滿好奇，除了問店主或當地人，大多數旅遊指南都沒有深究。例如：港式蛋撻是必食的港式小食，但為何是必食？其製作方式跟味道有何關係？蛋撻是如何流行起來的？正宗吃法為何？這些問題甚少出現於美食博客的內容或IG上，我想，經我如此一問，大家應該也會好奇想了解箇中原因吧。

我自己去旅行時，喜歡隨性造訪充斥本地人的店家，將嚐過的特色食物畫下，詢問店員資料，希望可記下背後的小故事。我認為，這是讓旅行變得更有趣，更有收穫的一個過程。因為食物是了解每個地方的文化、歷史，甚至經濟發展的輕鬆有趣切入點，有時更隱藏了不同的民間智慧。

作為土生土長的香港人，自問我也經常把一些生活餐飲習慣，視為理所當然。直至外出旅行時，又或有外國朋友到訪香港時，才會直視自己對香港飲食文化認識淺薄這個問題。出版了第一本關於旅行的繪本後，我有了出版下一本關於香港咖啡店小旅行繪本的念頭。而後碰上了本書的編輯，經商討後，轉念心想何不將範圍推廣至整個香港的飲食文化？我為自己設問，卻發現很多東西我所知不多。於是我重整全書大綱，視之為一個給自己重新認識香港文化的機會。透過插畫，用色彩去吸引讀者，了解香港人視之為理所當然，代代相傳的習慣背後典故，輔以文字，呈現各種食店的文化傳承。讓讀者透過這本書，輕鬆地了解香港的飲食文化源頭，感受食店為了香港文化傳承所作出的種種努力。

我不是專研飲食的專家，這本更不是專業的飲食評論。我是用一個旅人的角度，對一個陌生城市的好奇，去對各種飲食店舖、老字號的歷史、各種小習慣，以至食物製作的方式去做出提問，然後將蒐集所得向讀者呈現。希望它可成為大家遊歷香港時，一本讓大家找尋地道滋味的隨身書冊。

記於 2019年4月13日

從香港人的一日三餐說起

廣東話有一句俗諺：「辛苦搵來志在食」（辛苦賺的錢是為了吃），
正好是香港人對食的一個總結。

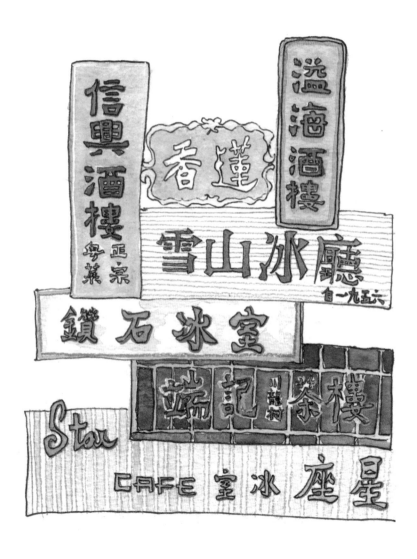

80、90年代，香港被冠上了「美食天堂」之名，隨著時代發展，各國餐飲廚師前來開店，讓香港餐飲走向國際化，而被冠上「亞洲美食之都」。提到香港地道食物，大家會聯想到蛋撻、菠蘿包、雞蛋仔、港式奶茶、港式飲茶等。追本溯源，如此種種，實為從南粵遷到香港的華人飲食習慣，跟英治政府引入的英式西餐文化，相互影響下而孕育出的殖民地文化。

開埠時期的香港，上咖啡廳、西餐廳都是英國人與外商跟權貴的專利。而大牌檔，便是滿足一般港人跟勞動階級口腹需要的重要食肆，亦是不少人的維生生意，它可被視為港式飲食口味之始。檔主跟食客的密切交流，促進了飲品和菜色的變化，建立了港式流行食品的雛形。

英國殖民時期那套精英制度的觀念，在不同類型食店的出現，和其設計被反映出來。從針對華人精英的「豉油西餐」西餐廳和扒房（設置於五星級酒店或商業區的高檔餐廳），到平民化版本英式西餐廳的冰室、咖啡、麵包西餅和蛋撻等等，都是受英式下午茶文化影響下而衍生的產物。茶餐廳是大牌檔跟冰室的結合，再加上美式快餐的元素。至現代西方咖啡文化傳入，再讓西式咖啡店和茶店另創新猷。

廣東飲茶由南遷的廣東人帶來香港，多了英式的階級制度，分有地下平價飲，樓上奉富人模式，高級茶樓仍保存至今。於地鐵隨處可見的健康涼茶飲品，冬天的蛇湯至小食糕點，都是南下的廣東文化，切合大眾需求而生，經過多年演化，成為本地飲食文化的一部份。真正地道香港出品的小食 —— 雞蛋仔，由小販到專賣店，一代傳一代，現在更揚威國際。

若不是老店代代傳承的努力和堅持，現在大家就不會嚐到當年的港式滋味。當我在寫這本書，在追本溯源的過程中，發現了不少食品都是前人在物質短缺下，利用創意去滿足市民口腹需求的產物，每樣都包含著珍貴的人情味，更是香港人口中「獅子山下」同舟共濟的精神。

目錄

CH.1 大牌檔
正宗街頭風味

CH.2 冰室
傳統港式咖啡店

teakha 茶家

CH.3 茶餐廳
香港人的地道西餐文化

CH.4 咖啡館
品味西洋咖啡奶茶

CH.5 茶樓
貼近香港基層生活文化

CH.6 蛇店
食蛇補身

CH.7 涼茶舖
香港涼茶文化

CH.8 港式甜品
正餐之外的糖水小食

大牌檔

正宗街頭風味

要說香港的特色飲食文化，大牌檔這種戶外食檔，絕對是香港大眾的飲食日常見證。

它們的出現，主要是開埠初期人們生活艱難，在外工作的苦力和工廠工人需要廉價飯餐。加上一些沒有能力打工和做苦力的人需要維持生計，小販因應而生，苦力工作者便成支撐大牌檔的主要客源。1847年，政府實施攤販牌照制度，小販可流動經營，攤商數量成長至高峰期，全港小販共有七千多個。

後來大量流動和固定的小販影響市容，政府為統一管理，於1921開設「大牌」制度，主要是規限固定經營的攤販，發放檔牌給予攤商業者，既可收取牌照費，又可統一攤販的攤位規格。至於「大牌檔」之名，是因市政局於1958年公佈新設計的大牌熟食檔規格，作為跟流動攤販的「小牌」分別，也因此，初期分類廣義只有固定熟食跟非熟食檔兩種。直至60年代，「大牌檔」多被媒體作為「大牌熟食檔」之意，成了一個泛指固定的粥粉麵飯食檔名稱，被沿用至今。

為平民大眾供餐的街頭食檔

早期「大牌檔」牌照是針對大陸湧港難民，政府發給孤寡殘疾的「恩恤牌」，其中亦有審批開放給軍事技工和軍艦退伍的工人。不過港英政府其實是有計劃地削減攤販數量，至1980年代，正式停止簽發新檔和禁止轉讓，此舉也令大牌檔跟著持牌人退休老去而消失。

80年代市政街市的出現，令不少街檔基於衛生理由，隨著政府推出資助計劃的利誘下，移至街市大樓的熟食中心。另外有一批檔攤，則遷入屋邨的「冬菇亭」熟食亭。「牌檔販子」曾是當年港英政府為整治市容的「敵人」，但於56年香港發生「雙十暴動」*期間，三檔裝上輪子的「大牌檔」曾被邀請到深水埗警署擺賣，為抗暴警員及被捕份子提供餐飲外賣，金額開銷全數由政府於暴動結束後支付，那是難得一次，「大牌檔」跟警署能共處一地的特例。

各種舊式大牌檔

簡約街檔風格

木製牌檔增木凳

1920年   **1960年**

大牌檔熟食檔提供的食品種類主要可分為五類：粥檔、粉麵檔、經濟飯菜檔、咖啡檔和甜品檔。前兩者供應早、午市，後三者供應午晚市和宵夜。現存持有大牌檔牌照的食檔，全港約有二十多檔。隨著城市發展，它們的規模不及從前，經營方式亦有所改變。但它們仍是不少香港人及遊客，回味港式風味的地方。

---

*雙十暴動發生在1956年10月10日。親國民黨的暴徒大規模襲擊九龍及荃灣一帶，暴徒四處放火、搶劫並姦殺婦女。警方派出大量人手抗暴。《1956年10月10日至12日九龍及荃灣暴動報告書》列明，總計由警方造成的死亡人數有44人。另有報導指出有300多人受傷。

木製輪子流動檔

鐵皮製固定檔

1980年　　　　　　2010年

傳統鐵皮大牌檔

正宗的大牌檔是一個4英呎×7英呎×10英呎規格的檔口，旁邊一般有用鐵架搭成的爐灶。而且以前的市政局規定，檔攤需用深綠色的鐵皮搭建，目的是為了耐髒，沾到油煙也不礙觀瞻。按法例的規定，每個檔攤只可在攤位旁邊擺放兩張桌子，加上攤位前的長木椅，最多容納人數約12人。從前有些大牌檔還裝有輪子，方便遇上火警時，可整個檔攤直接移動疏散。

1842年	政府對餐廳食肆牌照核發嚴格，攤位沒有提供洗手間便不核發牌照，經營者只好另謀申請資本較少的流動熟食小販牌照。當時香港的船務繁忙，海員跟苦力多為華人，收入不足以光顧餐廳。加上乘客下船後對平價食物的需求日增，大牌檔便應運而生，為碼頭工作和出入的人，提供廉價食品。
1911年	碼頭附近滿街都是大牌檔，該區逐漸形成「為食碼頭」。不少新鮮海產會於碼頭轉運買賣，於是出現了晚市的海產小炒大牌檔，提供炒蜆、東風螺、瀨尿蝦、泥魚孟等海鮮熟食。上環新填地、灣仔碼頭、佐敦碼頭都曾是海鮮大牌檔的「勝地」。
1965年	政府開始將大牌檔遷移在一起，打造了60年代深受港人歡迎的大笪地。當年，大笪地被人喻為「平民夜總會」，除聚集了各種類的大牌檔，還有人賣唱、武藝等表演，在電視還未流行前，是普羅大眾休閒娛樂的好去處。

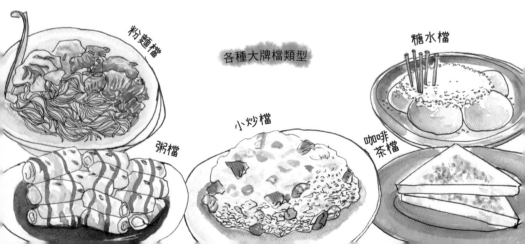

各種大牌檔類型

粉麵檔 　 糖水檔 　 小炒檔 　 粥檔 　 咖啡茶檔

大牌檔中的各種裝備

電燈泡

這是以前年代被廣泛使用的重要照明工具，現在則多被日光燈管取代。

大牛角扇

在戶外經營的大牌檔，無論是食客還是長時間站在爐灶前的大廚，都依靠這把大扇降溫消暑。

圓摺桌、摺凳

方便摺合收藏，或是食客多時加桌使用。70、80年代，摺凳更是方便黑道或食客打架時，隨手拿取的武器。

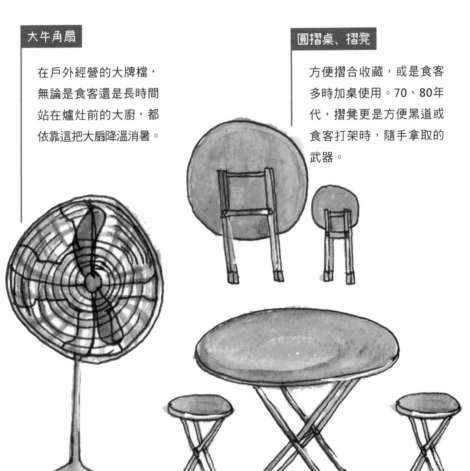

火水爐

60、70年代的大牌檔都是用火水爐煮食，80年代改用石油氣爐，現在多轉用煤氣爐。昔日大牌檔通常會設置兩、三個火水爐頭，分頭中尾鑊。一鑊主要負責炒各式小菜、一鑊則是油炸專用、最後一鑊則只炒海鮮。有時由兩位主廚負責全場餐食，有時則只由一位主理。有的小炒大牌檔仍沿用火水爐，大火可以讓炒出來的食物更有「鑊氣」，是香港小炒最受食客追捧的特別香氣。

綠色大帆布

簡單的一張帆布用鐵架支撐，便成了坐在木摺桌的食客們遮風擋雨的重要帳篷。亦為大牌檔擴大了檔攤的位置。

大竹籮

掛在檔口旁邊的小竹籮，從前作為錢箱之用。大竹籮則是放食材或雜物的最佳容器。現今大竹籮多被大膠筒所取代。

盛記 ———

中環人飯堂

中上環是大牌檔的發源地，而隨著政府停止核發牌照，現時中環僅存的十間傳統大牌檔，分別是位於士丹利街的陳泗記、忠記、合記、盛記及裕興，以及位於伊利近街的玉葉甜品、結志街的蘭芳園、吉士笠街的水記，美輪街的勝香園及士他花利街的波記。

中環士丹利街是最多小炒大牌檔聚集的街道。盛記是其中一家，更獲香港美食家蔡瀾推薦。開業超過60年，直至1985年林老先生退休，現在由第二代店主林士成主理經營。檔主更兼任大廚，每天要炒上600道小菜，林先生感慨現時經營大牌檔比經營餐廳辛苦，不僅工作時間長，炎夏在爐前炒菜更不容易。

但最讓他感到自豪的是老工具跟炒菜技法。店中有一個由1951年沿用至今的雙爐頭石屎爐，爐灶更是以磚及混凝土砌成。另一項則是「雙爐煮食」的炒法，即一人同時炒兩個菜。60年代的大牌檔，為了加快上菜速度來應付更多食客，不少師傅都需學會一人炒兩個鍋才可出師畢業。

另外，大牌檔最出名的還有「鑊氣」，那是講求食物水分和爐火大小的控制才能達到的境界。在大火燒熱的大鍋下，師傅要用拋鑊技術，在短時間內控制食材水分盛碟，才能達到具有鑊氣的小炒效果。廚師還要一邊聽夥計下單、記熟客戶的特殊要求、處理食材，並且一分鐘炒兩個菜，兩個鍋一起炒，專業之技能非常不容易。

現今盛記午飯時段，依舊受附近上班的工程工人和辦公室上班族歡迎：一碟蒸魚或排骨與白飯，配上大碗鮮魚例湯跟一杯凍檸茶，便足以為工人們下午的工作提供滿滿能量。此乃傳承了大牌檔為大眾市民提供經濟客飯的傳統。而晚市則提供各種小炒海鮮和小菜。小炒仍保留昔日避風塘的風味，如薑葱炒蟹、蒜茸開邊蝦、椒鹽鮮魷與豉椒炒鱆子等，皆是口味香辣濃烈，材料不複雜卻富火候和鑊氣，成為不少人下班跟三五知己聚會把酒言歡之選。

大牌檔營業時間分午市（11時至下午3時）和晚市（下午6時至晚上11時）。但盛記老闆堅持每天使用新鮮食材，因此營業前幾小時和午飯後晚市前的時間，便在檔攤預備食材。老闆的堅持和用心，慢慢建立盛記的口碑，也是令大牌檔至今仍深受大眾喜愛的原因。這些回饋也令林先生感到滿足，成為他繼續為街坊服務的原動力。

地址／中環士丹利街9-10號舖
交通／港鐵中環站D1出口，往中環行人手扶梯
　　　方向步行可達

玉葉甜品 ————
百年歷史的街坊甜品口味

1912年左右開業的玉葉甜品，是見證港式糖水大牌檔發展的實例。最初是由現時老闆娘李太的太公開始經營，於士丹頓街一帶賣糖水。至第四代傳人時，於1988年政府因發展蘇豪區而遷至伊利近街。從前中上環區有不少牌檔為區內市民服務，伊利近街全盛時期更有二十個檔攤以上。

玉葉甜品多年來堅持同一個餐牌，只販售傳統中式糖水，包括紅豆沙、香草及海帶綠豆沙、芝麻糊、椰汁西米露及糖不甩六種。多年來都使用代代傳承的煮法，對食材質素的堅持，是讓品牌迄立至今的原因。牌檔是傳統金字頂式建築，2010年老闆娘重新裝修了設備，改用不銹鋼爐具，將火水爐換成煤氣爐，以符合續牌要求，得以繼續經營。

地址／中環伊利近街2號
交通／港鐵中環站D2出口，步行15分鐘可達

海帶綠豆沙

糖不甩

雲吞牛腩麵

為何甜品檔兼賣雲吞麵食？

那是玉葉與另一個賣麵食的大牌檔「民園麵家」的浪漫情緣。民園原是80年代前，鴨巴甸街一家著名的雲吞麵檔。60年代，李氏兄弟到民園拜師學藝，留下工作了20年。80年代初，政府大舉拆遷中環牌檔，本有意結束的民園，被李氏兄弟收購接手經營，遷至伊利近街，與玉葉甜品毗鄰。兩兄弟與黃輝昌大牌檔的持牌人黃光慶合作，掛上民園的招牌，繼續賣雲吞麵。至2005年黃光慶逝世，民園即被當局下令結束營業。雖然當年有不少街坊和香港人站出來聯署要求保留「民園」，但最後仍不敵被迫熄燈的結局。

之後李氏兄弟拆夥，哥哥在牌檔對面地舖，重新以「民園」之名復業，售賣牛腩豬手水餃麵。弟弟十多年前娶了玉葉甜品第四代傳人，與妻子在甜品檔延續其做麵的手藝。民園地舖最後於2016年結業，現在剩下玉葉甜品，由弟弟肩負起傳承當年「民園」麵食風味的使命。在同一個大牌檔先吃碗麵再食糖水，讓食客可以一次體驗兩種老字號的口味。

蘭芳園 ————
「絲襪奶茶」的起源

於1952年開業的蘭芳園，傳說是「絲襪奶茶」的創始店，不過老闆總是否認。但不能否認的是，它是一家見證了奶茶大牌檔演變的老字號。

蘭芳園聞名的奶茶，是由創辦人林木河研發。林木河10歲時從潮州初到香港，在中上環「三角碼頭」一帶，幫擺檔攤的潮州人打工，直至得到店舖當「舖保」（即擔保），才正式於大牌檔學藝沖咖啡煮麵。當時的檔攤以售賣咖啡為主，因為與碼頭的海員往來接觸頻繁，林木河得到他們帶來的各種錫蘭紅茶葉，他開始了研沖奶茶。蘭芳園的奶茶，茶葉選材以五種紅茶構成，其中三種是斯里蘭卡中部的季後茶，取其茶葉飽滿，色深味香；另混合上小量Lipton紅茶及印度茶葉，用其溫和香味，中和了茶的澀味。至於奶，則選用馬來西亞金花牌植脂奶，入口奶羶味比較淡，使茶味醇厚而不黏口。

當年老闆還採用太太建議，特地到深水埗找尋細密的夾棉毛布，買回家讓太太縫製過濾細緻茶葉的茶袋。並到第三街找師傅訂製高細的茶壺，取代茶樓用的大茶煲，用來研習更佳的拉茶手法。茶袋因長期泡浸於紅茶而染色，苦力們看到誤認為是絲襪，「絲襪奶茶」之名因此而來。

為了喝「絲襪奶茶」的客人隨著時間日增，蘭芳園的歷史隨之展開。

1952年

「蘭芳園」茶檔在結志街開設。當年茶檔只是一個麻雀雖小、五臟俱全的小牌檔，於店前放上小木凳讓客人蹲坐。

1965年

林先生租下大牌檔旁中環大廈的地舖，一家九口便以前舖後居，配合店前大牌檔的方式經營。當時客人除了碼頭工作的苦力，還有在附近「大館」（中區警署）工作的警察們。跟警員們熟稔後，店舖方可放桌凳供客人坐下（當年的大牌檔牌照是不容許的，但畢竟警察們都想有休息的地方，故沒有嚴格檢舉）。至80年代因店舖漲租六倍之多，林先生放棄續租退回於大牌檔營業。

1995年

最小的兒子林俊業回家幫忙，經全家商討後，決定買入現時的舖位，更說服爸爸，除供應簡單的福麵食品外，進一步研發新食品。

各年代食品代表

50年代

奶油多

源自大牌檔年代。麵包是來自老字號鳳香園，夾著簡單薄薄一片的奶油土司，沒有厚土司的浮誇，體現當年的實事求是精神。

80年代

薯仔番茄豬扒蛋湯通心粉

午餐飽肚之選。薯仔番茄湯底熬得很香濃，是港式家常口味，像媽媽煮的一樣實而不華。

90年代

心多多撈丁

林俊業所開發的十款撈丁中，以這款食材最包羅萬有，最受女食客歡迎。材料包括雞翼、五香肉丁和煎蛋，適合有選擇困難的食客。

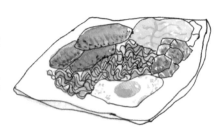

2000年代

奶油脆豬

從奶油多延伸出的產品。吸收了坊間澳門豬仔包的香脆，是繼撈丁之外的新時代產物。

奶茶配「撈丁」時代

現在跟奶茶並行，深受食客歡迎的「撈丁」系列，是林俊業為了讓食客有更多選擇，與時並進的作品。林木河是堅持奶茶傳統口味的始祖，林俊業則主張加入新創意，吸引和留住年輕食客。他趁著出前一丁即食麵流行於茶餐廳之勢，改變放湯食法為撈汁食法（把麵去水再拌汁成拌麵），得到父親試食後的認可，便將食品推出市面。當初雖因低估了煮麵需時（煮麵需三分鐘，放涼要兩分鐘，加上放汁配送，需時甚長），訂單甚多，讓食客久等而不滿，經改良於開店前把食材預製，便成功讓撈丁系列變成另一個「鎮店之選」。

「蘭芳園」之名

是1952年老闆林木河找朋友改的，意謂林氏沖的奶茶如蘭花般香氣四溢。現在林氏家族的第二代，便努力讓這香氣繼續傳播下去。蘭芳園因著香港新舊兩代人那份對舊文化的堅持，及對應時代變化而創新的精神，使其成為港人和遊客歡迎的大牌檔。

地址／香港中環結志街2號
交通／中環站從D2出口往皇后大道中走，找到半山手扶梯之後，
　　　搭到第二個樓梯下可達

殖民建築看香港警史

中環警署建築群建於1864年,是香港的第一代警察總部,與域多利監獄、中央裁判司署相連。面向荷李活道的總部大樓,由英國建築師Leslie Owen Ross設計,屬後維多利亞風格:外面有紅磚牆、花崗石雕刻,巨型多立克式(Doric)圓柱。大樓外牆中央刻有「G」和「R」字樣,是代表當時在位的英皇佐治五世。建築師在外牆裝飾花費了不少心思:狼頭裝飾是古羅馬時期的城市標誌,正立面門上的圍邊花紋,則是古羅馬時代執掌法治官員手持權杖的標誌,一一展現了政府機構的莊嚴和權威性。而內部的鋼鐵陽台,及原塊花崗石建成的地板和樓梯,皆是當年重要建築才會採用的建材。

香港警隊條例和警隊成立於1844年5月1日,並設立警隊首長。當年是世界第二個及亞洲首個現代警隊機關。差頭(即警察頭目)為英籍,差役(即警員)為印籍和華人,前兩者配備槍械,後者則只有木警棍。

警署（又名差館）的興建始於1845年，初建於中環、香港仔及赤柱。中環的第一代警署位於差館上街，及至中區警署落成而關閉。當年曾任倫敦警隊督察的查理士・梅理（Charles May）引入愛爾蘭警隊制，並於英國屬地招募警員。1870年政府為分區警署編號，將中區警署命名為「大館」。

1920年大館成立警察訓練學校，至1936年才開始招募華籍副督察。1941年警署曾遭日軍轟炸，並用作日軍警署。1995年被港府列為法定古蹟，予以保護。最後警署建築群於2004年12月17日停止運作，活化復修工程開始前曾作為不同展覽場地使用，如「2007深圳香港建築雙城雙年展」及「deTour2010設計・文化・藝術展覽」等。

復修的材料是根據原用的建材，從世界各地搜購；紅磚來自英國、灰磚來自中國，還有窗戶使用的馬來西亞冰片木等。復修後整個古蹟群改名為「大館－香港古蹟及藝術館」，於2018年5月重新開放予公眾，成為各種藝術及文化表演節目的新場地。我亦在古蹟重開之時，坐在老樹的蔭下畫下警署的紅磚入口。

地址／中環荷李活道10號
交通／港鐵中環站B出口，步行至中　　　環行人手扶梯至荷李活道

愛文生 ————
港式小炒風味

愛文生是大牌檔入舖跟街頭同時經營的一個最佳範例。不少小炒大牌檔都因街道可容桌子的位置，侷限了經營規模，這種街攤與店舖同時經營的模式，便可為食客提供更多位置，及更舒適的用餐環境。

位於荔枝角道小巷中，有三家並排的「大牌檔」，分別是根記、天祥和愛文生。前者是只供應茶水麵食的早午市，後兩者則做晚市，當中以擁有4個舖位的愛文生最受人歡迎。其故事道出香港「小炒大牌檔」的變遷。初創人林日，於50年代在石硤尾經營食檔「龍喜」，早上賣腸粉粥品，下午賣燒鵝叉燒，眼見小炒更受歡迎，便買個火水爐轉做小炒。但1975年不幸被追債人語出恐嚇而嚇死（從前的追債人多用比較誇張的口吻追債，如持刀恐嚇欠債不還便會砍死人，以收阻嚇作用），其妻林愛之後向政府申請熟食大牌，延續丈夫的生意，獨身一人養大6個兒女。

林愛專注做小炒生意，兒子長大後也加入幫忙。80年代末，林愛採用自己和兒子之名，易名成了現在的「愛文生」，將生意交給三個年長的兒女經營。年介90的林愛，仍會為生意帶來好運的細節十分執著，例如坐著工作恐有「沒生意」的兆頭，所以員工從前都要蹲著，現在則要站著等客人上門。另外，店內所有用具，如桌布、水盤、膠櫈和餐牌都要用上紅色，縱使紅色的桌布價錢較貴。因為創辦人的究極精神，兒女們都順著她的意思。

地址／深水埗石硤尾街1號地下B-C號舖

交通／港鐵深水埗站A2出口，沿著北河街向前走約5分鐘，
在荔枝角道匯豐銀行的位置左轉，然後走約3分鐘可達

愛文生鑊氣廚房

鑊氣，在科學角度來說，是以最少200℃以上的高溫，使食材受熱焦化後，所釋放的獨特香氣和味道。鐵皮檔狹小空間放置了兩座比酒樓石油氣爐，更具火力的火水爐，食材可於短時間內給熊熊烈火煏出精華，仍保持鮮嫩。火水爐火力雖猛，卻難以駕馭，所以掌鑊大廚都經驗老到，炒了10年、20年，手起手落，快狠準。爐頭外面放滿一盤盤海鮮食材，洗、切、煮全在外頭處理，過程一目了然。兩個火水爐頭，有分頭尾鑊，左邊頭鑊負責各式小炒，右邊則負責炒海鮮；另有人負責備料，在丟下鑊炒前事先準備所需份量，三人合作無間。香港的大牌檔是鑊氣的代名詞，但因火水爐容易發生火警，加上燃燒時會產生影響空氣質素的粒子，故現時大部分大牌檔已棄用火水爐，改用煤氣爐，像中環史丹利街一帶的牌檔便已更換。

祕製特色食品

椒鹽九肚魚

椒鹽一點點鋪滿九肚魚，魚刻意不開邊，亦沒有厚厚的一層炸粉。大廚在放入鑊煎炸之前，再加上咖喱粉和薯粉，讓魚的口感更香脆。

黑椒咸豬手

大牌檔供應西餐廳的咸豬手，是港式中西合璧創作的一例，亦是愛文生的招牌菜。豬手預先以火灼烤香，以多款藥材炆上兩三小時至軟爛熟透，大廚把豬手放上鐵板，淋上濃濃黑椒汁，跟德國香脆乾身的咸豬手口感完全不同。

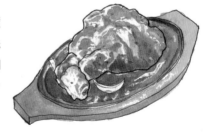

小炒跟飲料配搭 ———
戰鬥碗飲啤酒

大牌檔、小炒檔都會跟冰室一樣提供免費茶水，不過因為小炒一般味道較重，加上剛炒熱盛碟充滿鑊氣，大家都喜歡搭配冰凍的可樂、忌廉等有氣飲料飲用，可散熱又舒緩口中的重味感。

從前的人為了方便，會用碗來喝茶，而源自潮洲的公雞碗是最普遍的容器。戰鬥碗可說是香港版的公雞碗，兩種碗都被大牌檔使用。從前的基層工人辛勞一天過後，便會到大牌檔吃小炒，配上啤酒去除一日的疲倦，用碗喝酒更是豪邁。現在提供戰鬥碗的小炒大牌檔字號（已搬入舖或熟食中心），最有名的是東寶和妹記兩家。

在吃油炸食物，椒鹽菜色如九肚魚時，搭配較高碳酸飽和的啤酒，可用清新爽口感去除油膩。所以小炒配啤酒，已經成了港人的習慣。

南昌大押 ———
押業大王物業

香港典當業推算起始，約始於清朝道光時期出現的十餘間當舖。另有一說，香港最古老的當舖，距今已有二百多年歷史。

押業正式成為一門需要申請牌照的專門生意，是於1926年港英政府為加強規範管束，開始頒佈典當法例為準。70年代，香港政府為解決「賊贓問題」，更立例押物人必須出示身份證件及報上住址，方可完成交易。

從前生活水平低，被拿到當舖典當而獲取現金的，除了金飾珠寶手錶外，更有日常用品如皮鞋、衣服、棉被等，大小型家電如冰箱、電視、電子鍋、收錄音機及縫紉機等也不少。只要凡有市場價值的物品，都可以被拿來典當。由於需要地方存放大型物品，舊式的當舖都是三、四層樓高。隨著經濟起飛，現時當舖多只接受貴重的金飾珠寶，名牌手錶及新穎的電子產品等等。而典當物由大變小，促使當舖轉為地舖大小，內置一個保險箱便夠。

深水埗南昌街117至125號門牌，均是20年代初建築的唐樓，設有廣州式「騎樓」（陽台），建築物具80多年歷史。位於117號的南昌大押，原名同安大押，樓高五層，其黃色外牆設計簡樸，水平帶狀的裝飾及圓形小窗，都屬傳統唐樓建築樣式。當舖由「押業大王」高可寧家族經營，50年代初改名南昌押，現成為南昌街具歷史價值的地標，被列為二級古蹟。

高可寧除了是押業大王外，亦曾是澳門中華總商會會長。其家族擁有4幢大押，除了深水埗的南昌大押，還有位於上海街的德生押及中環德輔道中的德榮大押（兩者均沒被評級古蹟），還有位於灣仔的同德大押（古蹟唐樓已整幢被拆除，押舖遷至旁邊地舖營運）。若前來香港，南昌街特色唐樓值得一訪。

地址／深水埗南昌街117號
交通／港鐵深水埗站A1出口

大牌檔種類 2 ———
屋邨冬菇亭

「冬菇亭」可說是屋邨版的大牌檔,為市民提供廉價餐飲,成為不少居於屋邨的基層市民集體回憶。

冬菇亭的食肆種類基本上跟從前的大牌檔一樣,有粥麵、小炒、咖啡店,甚至海鮮酒家,為屋邨住戶提供早午晚餐,甚至成為婚宴場地。從前位於大圍顯徑邨的金城小廚,前身是開設於屋邨冬菇亭的海鮮酒家,設有冷氣和「大龍鳳」*,最多可擺放二十桌婚宴酒席。但早年已遷離於地舖重開。

現時仍有冬菇亭營業地區

何文田愛民邨熟食亭	屯門青山灣三聖邨冬菇亭
沙田禾輋邨街市大牌檔	大圍美林邨熟食亭
火炭山尾街熟食亭	元朗大棠道冬菇亭熟食市場
石硤尾南山邨冬菇亭	九龍灣啟業邨熟食亭

*詳見第5章「酒樓喜宴的龍與鳳」文章

1875年代

政府有見大牌檔衛生環境欠佳，便將舊有大牌檔遷移到街市內的熟食中心或屋邨冬菇亭。而所謂的「冬菇亭」，則為香港公共屋邨內的熟食亭，其屋頂呈四方形而尖，中央是一個拱形排氣口，因這外型貌似冬菇而得名。

74-80年代

期間落成的公共屋邨多設有冬菇亭，高峰期全港更有逾55個冬菇亭、200多個熟食檔位。首個冬菇亭於1975年在何文田愛民邨落成。

80年代

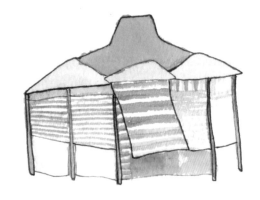

大部分公共屋邨都設有冬菇亭。不過，冬菇亭落成後，仍有社會關注的衛生等問題存在，政府後來逐漸以熟食中心取代，部分冬菇亭則被改建作其他用途，如涼亭或休憩地方等。

90年代

政府開始停止發展冬菇亭。

房委會更推出自願放棄計劃，提供補償讓租戶自動退租。

香港屋邨大牌檔

1953年聖誕節的一場大火,把石硤尾木屋區燒毀。政府便在石硤尾原址興建二十多座7層高的徙置區,其後同區的木屋區大火,促使政府於70年代興建公共屋邨,安置這些受影響的住戶。

石硤尾的南山邨於1975年落成,1977年入住,是9層高的新長形屋邨建築。平台為居民提供休憩的公共空間,而冬菇亭便成為提供廉價美食的熟食中心。

南山咖啡室是其中一家老字號,除供應不同麵餐,還有大牌檔常見的飲品,如咖啡奶茶、檸樂等等。平日有不少區內上學的學生光顧,因此咖啡室的餐牌上,可見有附送飲品的學生餐。下午這裡也是長者吃下午茶的聚集處。位於室外的綠色大帆布足夠擋住刺熱的陽光,三把掛牆的大牛角扇,足夠將涼風送到每一張桌子。

我從前在附近上學,也都會跟同學們到這裡吃午餐,跟其他身穿同校、或附近學校校服的學生們,背對背而坐,感覺仿如學生飯堂,比校內的食堂還要熱鬧。飯後還可到附近商店買小點心、糖果,再漫步回校,十分愜意。

地址／石硤尾大坑東道111號南山邨南豐平台商場
交通／港鐵石峽尾站B出口,由大坑西新邨步行約
　　　5分鐘可達

南山邨老粥店「南樂園」————
港式粥品大牌檔

「南樂園」是跟南山邨冬菇亭一同成長，一間
有30多年歷史的老粥店。其簷篷瓦頂均採開放
式的格局，雖沒冷氣，但通風設計和「大牛角
扇」足夠為客人送涼。舖內已用來放雜物的石
桌，是第一代冬菇亭食肆的設計，然而食客還
是較喜愛遠離廚房熱氣的戶外摺桌。

粥店每天凌晨兩點，師傅們便準時回舖，為當
日食品供應作預備：熬粥底、炸油條、炒粉麵，
弄至廚房蒸氣氤氳。現今不少粥店售賣的粽子、
豆漿和飯糰，多批發現成貨來販售，他們卻堅
持日日自家新鮮現做。粥底使用上等泰國米和
白果腐竹，以明火熬至少3小時，質感綿滑富白
米清香；粉麵分三、四次炒，保證熱燙盛碟。
為確保食物品質，粥店只做早午餐，每日下午
兩點多開始收拾關門，好讓師傅們有足夠的休
息時間。

街坊們都會趕在早上前來進餐或買外帶，因為不
少食品是賣完即止。跟台灣的早餐店相似，這可
說是傳統港式早餐店的一種。另外，粥店提供
了最完整的醬料選擇：食腸粉和粽子用的豉油、
甜醬、辣醬和花生醬，另外還有芝麻以及放在
粥上的胡椒粉。粥品上都會撒滿一大把炒花生，
份量十足。加上牆上貼滿的手寫餐牌，都是現今
連鎖式粥店，沒能複製的港式大牌檔風味。

地址╱石硤尾大坑東道111號南山邨南豐平台商場

交通╱港鐵石硤尾站B出口，由大坑西新邨步行約5分鐘可達

粥店 + 大牌檔 ———

術語

大牌檔作為香港人的平民飯堂,客人也來自五湖四海。服務生們怕得罪特殊
食客,便把敏感用字轉換成特別用語,於是衍生出不少行內術語。到了近代,
為了應付營運的需要及提高效率,術語更演變至英文單字、數字甚至藝人名
字,而當中有一些則跟中國文化忌諱有關。這些術語仍沿用至今時今日的冰
室和茶餐廳。

食品篇(粥麵類)

細蓉・大蓉

小碗/大碗鮮蝦雲吞麵

把麵叫作「芙蓉」,簡稱曰「蓉」,是出自唐詩白居易的
《長恨歌》。有此一句「芙蓉如面柳如眉」,廣東話的「面」
與「麵」同音,是廣東式的幽默。

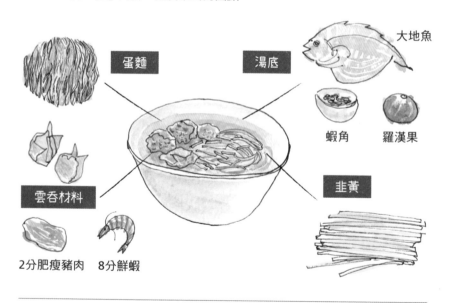

蛋麵　　湯底　　大地魚

蝦角　　羅漢果

雲吞材料　　韭黃

2分肥瘦豬肉　8分鮮蝦

---

*資料來源(吳昊/《飲食香江》189-190頁;2001年香港南華早報)

靚女／米皇

聽說是經過幾重轉折而演變成的。「米皇」是「輝煌」的轉音，有句俗語是「銀燭輝煌」，「燭」與「粥」同音，「銀粥」則象徵白粥，接續後面的「輝煌」，又可能因為用米熬煮，便直說成「米皇」*。

灣仔

艇仔粥（海鮮粥）

艇仔粥本源自廣州西郊，河道兩旁遍植荔枝樹，叫做荔枝灣，古羊城八景之一的「荔灣晚唱」便是指這地。每逢夏日黃昏，不少文人雅士及遊客來此遊玩，遊河小艇穿梭往來。其中有艇（廣州話俗稱「艇仔」）專門供應海鮮粥，故得名稱為「荔灣艇仔粥」。現時的灣仔算是其簡稱。

擺尾

魚片粥

取自魚游泳時尾部搖擺的動態

炸面

炸麵包（油炸鬼）

下火

皮蛋瘦肉粥

取自皮蛋瘦肉粥能降身體內火的功效

蛋河／面

魚蛋河粉／麵

加馬

多加配料

油條

油炸鬼

青山

純河粉

走青

不要蔥跟芫荽

食丁

客人要求將即食公仔麵換成出前一丁

走色

不要豉油或者肉汁

飲品篇（適用於冰室、茶檔和茶餐廳）

6
可樂（汽水）

7
七喜（汽水）

8
芬達（汽水）

9
忌廉（汽水）

106
凍檸檬可樂

107
凍檸檬七喜

206
熱檸樂

306
檸檬可樂加薑

29
熱鮮奶

9T
奶茶（nine tea）

OT
熱檸檬茶

COT
凍檸檬茶

C9
鮮奶
（西餐廳多用C）

C06
凍檸檬可樂

CT
凍奶茶（師奶茶）

C9T
凍奶茶（師奶茶）

非

熱咖啡
（西餐廳多用 F ）

冬非

凍咖啡
（有些會「東非」）

央

熱鴛鴦

冬央

凍鴛鴦

冬田

凍阿華田

敗家仔

阿華田
（賣田賣地
故稱敗家）

力

熱好立克

凍柯力

凍好立克

汪阿姐

熱咖啡（電視演員
汪明荃主唱的名曲）

肥妹

朱古力

和尚跳海

滾水蛋

肥妹奶

熱朱古力奶

爆檸

凍檸茶加冰

甩色

檸檬水（因為檸檬
茶是有色，而檸檬
水則是透明）

雪櫃

可樂
（雪櫃通常會
存放可樂）

大大大青力妹

大樽裝
青島啤酒
喜力啤酒
藍妹啤酒

49

茶走

不加砂糖、不加淡奶
改加煉奶的奶茶

啡走

不加砂糖、不加淡奶
改加煉奶的咖啡

田走

不加砂糖、不加淡奶
改加煉奶的阿華田

齋啡

咖啡不加糖和奶

飛沙走奶

去糖去奶

飛沙走石

去糖去冰

走冰

凍飲不要冰

走雪

凍飲不要冰塊

少甜

飲品不要太多糖水

少田

少甜

走田

走甜，亦即不加糖

爆雪

加冰／加雪（以前沒有
機器製冰，需用冰刀劈
開冰磚）

爆轆

冰檸檬水

例水

例湯

淨水

例湯只要湯水
不要湯料

其他（大牌檔小菜）

例牌

約8兩份量
可供4人食用

大例

約12兩份量
可供6人食用

三例大碗

約24兩份量
供12人食用

粥店 ———

腸粉種類

從前70、80年代的街頭小販，都只供應沒有餡料的齋腸，提供竹籤食用。而粥檔販售的則會多幾款選擇，並提供筷子作食具。

芝麻

花生醬

齋腸

手捲布腸粉，吃的是腸粉純粹的香滑。最受大家喜愛的吃法是加豉油和甜醬。

再豐富一些的食法：額外加上花生醬和芝麻，是源於從前街上的無牌小販檔食法。現時的粥店未必會提供所有醬料。齋腸均會切成小段，口感滑溜，用竹籤食用最佳。

豉油

甜醬

炸兩（油條腸粉）

香滑腸粉包著油條，配合粥品食用之選。最適宜加上甜醬和少量豉油食用。太多豉油會浸軟油條，令其失去香脆的口感。

牛肉腸

配上豉油食用。有人會按喜好加上辣醬。

叉燒腸

配上豉油食用。有人會依照喜好加上辣醬。

腸粉作法 ────
古老正統做法

先用白米磨成漿，倒在白棉布上，蓋上不銹鋼蓋再蒸熟。而現在大部分改用現成粘米粉調水成漿，有的會加上生粉、栗粉和澄麵粉去調出滑溜的質感。

Step 1

倒米漿

蒸爐先鋪棉紗布，倒入適當份量的米粉漿，再把粉漿平均撥勻，好讓做出來的腸粉厚薄平均。

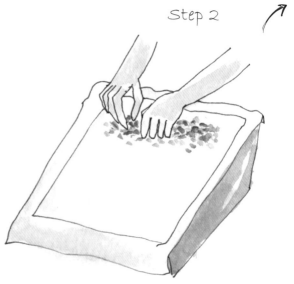

Step 2

放餡料

將適量餡料一字平放於粉皮上方，然後蓋上方型不銹鋼蓋。生餡需蒸5分鐘，熟餡蒸2分鐘便可，時間要控制準確。

Step 3

反腸粉

把裹著餡料的蒸熟腸粉反轉，立即攤平在先掃過油的金屬面。

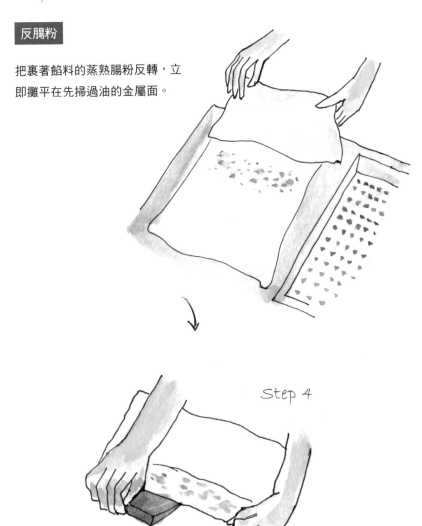

Step 4

捲腸粉

先褪去棉紗布，再小心翼翼地捲腸粉。這步驟最有難度，一不小心弄爛便白費心機。而捲齋腸的力度要均勻，才可讓每條腸粉大小一致，更不易鬆散。

冰室

傳統港式咖啡店

港式西洋下午茶

香港的咖啡文化，源於開埠初期，洋人把下午茶文化引入，在洋行工作的華人因而染上這習慣。而日佔時期，洋人被關，港人擔心港幣貶值，便紛紛花錢喝下午茶。原本客層以洋人為主的咖啡店不得不轉型，不少為港人提供廉價咖啡和糕點的冰室，便開得成行成市。冰室沒有提供飯餐，只提供三文治、多士等輕食，有的還設置工場，於店舖後頭自家烘焙麵包。這些冰室，經過多年的轉變，除了咖啡，更增添了不同類型的輕食和飲品，建立了香港獨特的中西合璧咖啡店文化。

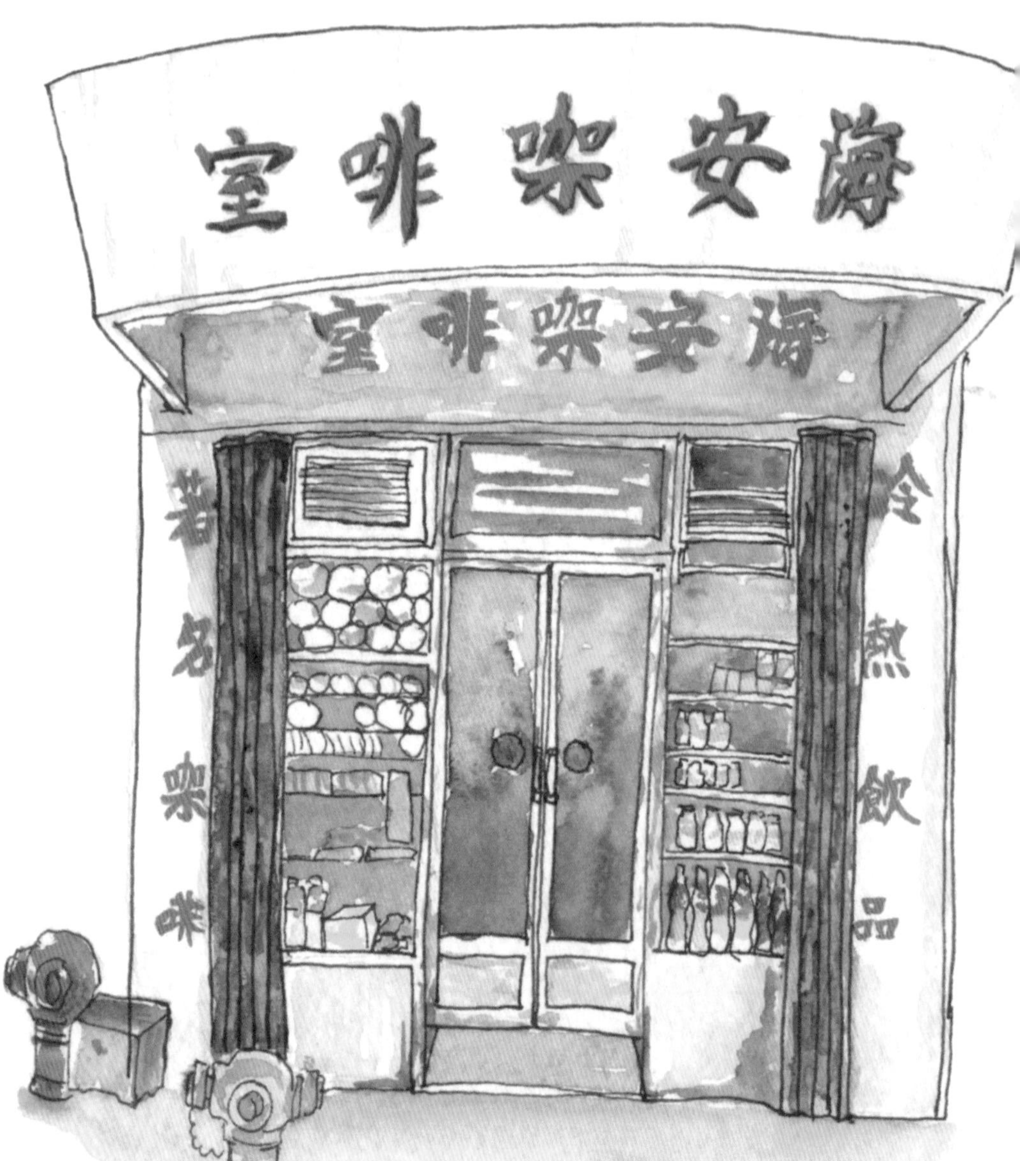
海安咖啡室
海安咖啡室
著名咖啡
冷熱飲品

海安咖啡 ———
招待海員、苦力的咖啡室

1952年開業的海安咖啡室，見證了香港從漁港到商業的變遷。跟其他冰室不同；其服務的對象不是為了提供英式下午茶，而是為附近果欄工作、行船的工人，及在地居民提供餐飲。

從前咖啡室對面是海，海旁便是繁忙的碼頭，停泊的都是航行到大洋另一邊的船。因此，咖啡室不少顧客是海員，咖啡室命名為海安，是希望出海的人都能平安回來。為方便各貨物貿易，咖啡店一帶，從前都是貨物批發商，後面是果欄，旁邊有涼果店。現在海被填了，過往的商業碼頭變成遊客往來對開的港澳碼頭，旁邊剩下的則是海味批發零售店。

老闆綸伯61年加入海安，成為廚師和股東，78年正式接手經營，現在由女兒Annie當經營者。而第二代接班人為了傳承這個快有七十年歷史的咖啡室文化，保留了店內不少傳統裝潢。

門外兩個冰櫃，跟一進門天花板那支黑色吊扇，都是從開業時期就有的古董。從前吊扇壞一把換一把，所以天花板展示了不同年代的流行款式。店中的實木卡位、長方形木櫈，還有吧台的原石，都是老闆訂做的。早年綸伯經營這家店的時候，晚上他便把木枱推到卡位，上面加一張草蓆為床，以咖啡室為家。

店裡牆上還掛著70-80年代的禁止吐痰告示牌，那是始於50年代，大量移民湧入香港，衛生環境惡劣，為了防止痰沫傳播的肺癆肆虐而設置的。加上市民好吸煙，痰多咳嗽，喜隨地吐痰，遏止為難，因此，當年不少茶室和茶樓都放有痰盂，讓食客吐痰。冰室等不及政府分派的告示牌，便自行抄製。

現在人們已戒除了這個惡習，告示牌便成冰室中的時代標記。

70年代早上出爐的麵包，是碼頭海員們的主食。當時西餅還是昂貴的食品，不是一般勞動階層容易負擔的食物，所以海安還出售麵包皮和蛋糕碎，給貧困大眾多一個選擇。現在製餅師依然是從前那一位，早上5點上班，因此海安維持麵包只有早上出爐一次，好讓老師傅回家休息，翌日才能做出昔日海安麵包的味道。錯過新鮮出爐的食客，仍可享用店員特別加熱後，那出爐麵包的溫度。不過太晚到訪，暢銷的腸仔包和菠蘿包，經常會遇上售完的機會。

海安販售的傳統飲料之一三花奶水，是為了讓碼頭工人得到快速營養補充的飲料。材料是煉奶、三花花奶和熱水混合而成。在50、60年代，花奶是高價食品，那時稱作「滋養奶水」。當年三花屬高級品牌，老闆用低廉價格供應奶水，反映了老闆對勞工大眾的人情味。現在仍有不少當年在果欄和碼頭工作的老顧客，有空時會特意回到海安品嚐咖啡，喝奶水懷舊一番。

海安咖啡室想傳承的，便是這一份香港精神。

地址／上環干諾道西 17 號地下
交通／港鐵上環站 C 出口，沿干諾道西往左步行約 7 分鐘可達

西港城 ——
香港現存最老的市場建築

香港成為英國殖民地的初期，政府把香港島部分海旁地區開闢為「維多利亞城」區，再細分為西、上、中、下環等地方。上環一直是華人聚居之處，也是香港早期轉口貿易集中地。為應付居民日益增加，對街市的需求，政府因而於1906年建立上環街市。

百多年來，西港城見證了上環沿海的繁華，是附近居民常到的市集。之後原有的南座被拆，只有屬於二十世紀初在英國流行的愛德華時期建築的北座，被保留下來。

由紅磚及花崗組成的建築牆身，是反映愛德華時期，混凝土技術進步而被廣泛應用的例子。配合英國巴洛克復興（English Baroque Revival）風格的古典拱型大窗台，加上用中式板瓦及筒瓦鋪成的金字形屋頂，南面一樓的拱廊及百葉窗，均展現了殖民時期的建築特色。

1990年獲古物古蹟辦事處列為法定古蹟，修繕後街市改建成傳統行業及手工藝中心，並易名為「西港城」。分為「舖」、「布」、「食」、「藝」四個部分：地面的「舖」和「藝」，有香港特色手工藝、紀念品店舖和畫廊，一樓的「布」是早年花布街（中環永安街）拆遷後，重新被安置的布行。而要欣賞建築物的結構，可到頂層的酒家用膳。邊享用港式點心，邊細細品味三角尖屋頂的鋼樑架，再由寬闊的花崗石梯階回到地下。我曾出席朋友在那家酒家舉辦的婚宴，欣賞朋友在二樓的露台邊彈邊唱，再走到中央舞台，站在古典大窗前唱詠。朋友的歌聲在這座愛德華式建築的屋頂繞樑三日，記憶畫面讓人畢生難忘。那種獨特的迴聲，只有如此具空間感的古蹟才能成就。用味覺和聽覺去和古蹟互動，絕對是一種特別的體驗。

地址／香港上環德輔道中323號
交通／港島線上環站B或C號出口，步行約2分鐘可達

華南冰室 ———
工廠麗人老闆的蒲點

1978年開業的華南冰室，是深水埗街坊的老字號和聚集地。它保留著開業至今80年代的裝潢，綠白雙間的牆板則是華南的主色。傳統的卡位座、暗花設計的圓椅、柚木椅，還有擺放在店前的獨立玻璃麵包櫃，珍藏了其冰室風格。

老闆周焯騰細說當年冰室餅店的盛況：「從前喝西式下午茶好高檔，1959年我在荔枝角開『豪華冰室』、『豪華扒房』和『豪華餅店』，1978年在深水埗再開華南冰室，當時冰室一杯奶茶賣約3毫，好矜貴的，所以很多人來冰室喝茶吃糕點。後來華南冰室附近有了戲院，餐廳更是從早到凌晨都擠滿了人。」*

80年代的深水埗是不少小型鞋廠、製衣廠營運的工業區，華南冰室便是工廠女工和老闆們的聚集處。深水埗軍營仍存在的年代，更有不少華籍軍人光顧，學生們放學也會跑去吃下午茶。當時工廠林立的深水埗，對奶茶、咖啡需求甚大的主因是打工仔需要提神趕工，因此每當下午3點午茶時刻，華南要派出5至6個員工去送外賣。

隨著區內的發展與轉型，老闆仍盡力保持冰室的老味道。原本的自家師傅，辭掉工作開設麵包工場，直接供貨給華南，至今依舊於每天早上6點、中午12點和下午3點，提供為華南量身打造，味道如昔的蛋捲、蛋撻、菠蘿包等麵包西餅。現在常於華南聚會的，都是社區內的老顧客，九成員工也做了十多年，街坊與員工情誼就像家人一般。老闆更寧願少賺一些，也要保留著合宜的「街坊價錢」，這便是香港富有人情味的老冰室情懷。

地址／深水埗桂林街87號地舖
交通／港鐵深水埗站C2出口走2分鐘可達

---

*資料來源：「老冰室的故事」訪問.蘋果日報.2014年09月05日,區佩嫦

香港有不少冰室現在仍使用70年代的手寫單。

每一個冰室的服務員（廣東話稱「伙計」），都會手持兩個下單法寶：一本厚厚的小本子和一支原子筆，來幫客人點餐。小本子是薄材紙張組成，又稱「紙頭」。

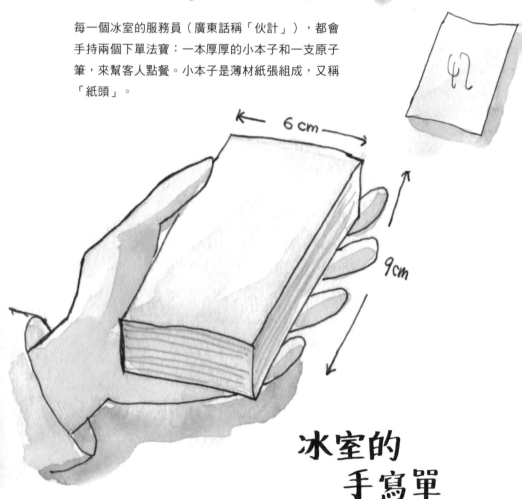

6 cm

9cm

冰室的手寫單

68

手寫單的兩種功能

點餐

服務員用來把客人的餐點記下，再送到廚房下單。上面會寫上枱號跟餐點食品代號，一張紙只會寫上一種食品名字，然後單子可能會隨餐點一起上桌。

貼在冷飲的杯底　　　　　墊在熱奶茶杯和碟子中間

結帳

服務員會在客人點餐後，留下一張寫上一個號碼的紙張，這是客人在結帳時的帳單。有時服務員會在上菜後才寫，甚至是客人用餐完畢後才會寫。

一般服務員會把單子放在以下幾個地方：

用牙籤筒壓著　　　　放在餐牌夾中　　　　放在桌子的玻璃下

用餐完畢後不要忘記，要拿著這張寫上號碼的小紙條去櫃台結帳！

麵包出爐時間

新鮮出爐的麵包是最好吃的，只要在適當的時間到訪冰室，便可以
嚐到香噴噴、熱騰騰的出爐麵包。

早餐麵包

早餐時間是顧客最多的時
段，所以師傅早在清晨5點
就開始預備，第一輪出爐
的麵包約在7點左右。其中餐包、
菠蘿包、雞尾包、腸仔包等受歡迎
的早餐麵包，都會被上班族和學生
搶購一空。

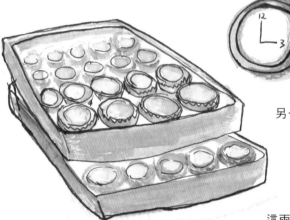

下午茶

另一個出爐時段，是午餐過後
的下午茶時間。早上的麵包
都賣光，又過了午飯時間，
便是輕食出場。這個時間出
爐的，主要是蛋撻和菠蘿包
這兩種下午茶熱賣項目。要是下
午經過冰室，看到有人圍著門口的阿
姨，那便是等候出爐蛋撻或麵包的人潮。

中國冰室 ———
從閣樓看茶室

中國冰室是另一家緊貼香港基層生活，保存舊有特色大閣樓的老店。1964年由創始人譚伯開業至今，仍保留著的裝潢傢俱以棕色為主調。

沿木製樓梯拾級而上，是一個閣樓雅座，吊扇是冷氣未盛行前的重要產物。可居高臨下的閣樓，隱密座位不易被人發現，成了上班族最愛的休息祕密基地，亦有不少巡警們上門光顧。因此，冰室雖位於油尖旺龍蛇混雜之地，仍能一直安然運作。黃昏街外的燈光映入，便成了情侶談心的浪漫舞台，這樣獨特的氛圍，更吸引了《新不了情》、《全職殺手》、《PTU》、《江湖告急》、《難兄難弟》等著名香港電影來此取景拍攝。

香港的冰室，每一家都擁有其顏色主調。但牆上的各款紙皮石（馬賽克瓷磚）圖案組合，是冰室的最大特色。紙皮石是香港60、70年代最常用的一種室內物料，會用作鋪地、鋪牆和鋪樓梯之用，圖案多變。如果細心留意，你會發現中國冰室內，老闆利用了不同圖案的紙皮石以及不同建材，於各角落營造出各種對比。而掛在正上方的時鐘，是70年代的設計，當年每次停電，更要人工用手撥回才能再運行。

中國冰室的上下兩層樓面積，比一般的冰室要大，可坐上百人。因此譚伯動員了一家八口，加上麵包師傅和幾個員工一起營運。82年譚伯離世後，冰室由三姐主理經營，並趁著80年代新派茶餐廳的興起，翻轉只供應麵包奶茶的限制，加入了家常碟頭飯（以大碟子盛裝的飯類餐點）供應，成為中國冰室的另一特色。有不少外籍食客特別造訪，甚至成為餐牌新菜色的靈感之源：鬼佬炒飯，緣由便是有一個光顧了幾十年的外籍常客，有一回要求廚房煮一碟無味精、無肉的蛋菜炒飯，並加上數片香煎豆腐。三姐認為材料簡單，而且製法容易，便按要求炒一碟待客，後來其他客人都爭相效尤點餐，於是便以「鬼佬炒飯」為名出餐。

由於譚氏家族對其食品和老情懷的堅持，大家可以在中國冰室嚐到不同的懷舊特色食品，更可邊吃邊欣賞當年的香港民間設計特色。

地址／旺角廣東道1077A號地舖
交通／港鐵旺角站A2出口，步行約4分鐘可達

特色食品

紅豆蓮子鴛鴦冰

採用天津紅豆製作，粒粒大顆，煮得軟口而香甜。紅豆佔了大半杯的份量，絕不吝嗇，相當豪邁。上層1/3是淡奶，香滑濃郁，也保留了昔日冰室冰飲的冰柱。

鳳凰糊

60年代舊式甜品，現在不容易找到。其做法是用蛋黃粉煮成糊狀，最後在上面加上一顆生雞蛋，食用時只需將生蛋拌勻至熟即可。蛋味香濃，但甜度適中。

凍飲

炎炎夏日最受歡迎的凍飲

由紅豆、花奶和冰調配製成,各家冰室有不同配方,同是紅豆冰,家家也口味不同。亦可加上「雲呢拿雪糕」(香草冰淇淋),成為「雪糕紅豆冰」。是70、80年代深受小朋友歡迎的飲品。

蓮子水加糖加冰。現只有部分傳統冰室有售。

紅豆冰和蓮子冰混合的飲品。

源於冰室的飲品。由罐頭什果加上果汁製成,因顏色鮮艷,成為受兒童歡迎的特飲。

紅豆冰　　蓮子冰　　鴛鴦冰　什果冰

鳳梨罐頭調製的
凍飲。

可樂加雲呢拿雪糕（香草
冰淇淋）的搭配，是從前
的雪糕特飲系列之一。

咸柑桔加七喜、冰塊製成的凍飲。
咸柑桔有止咳開嗓的功效，這款
凍飲最適合那些夏天無冰不歡，
開始咳都不會戒口的人。

菠蘿冰　　　黑牛　　　咸檸七

熱飲

牛奶谷咕

牛奶配可可粉加熱水。
可以嚐到純可可的味道，比熱巧克力較
不甜。

鴛鴦

咖啡混合港式奶茶。咖啡因含量甚高，
不宜晚上飲用。
可自行按自己的喜好口味加糖。

熱檸樂

煲熱可樂加檸檬。
香港人初患感冒之選，可以舒緩身體不
適。

茶走、啡走

奶茶／咖啡加煉奶。
味道比較偏甜，相傳是從前南洋華僑傳
入，但茶底和咖啡底跟南洋不同，味道
也不盡相同。

戰後一般香港平民家庭比較清貧，因此冰室提供了一些營養飲品，為前來的食客提供多一個攝取營養的機會。

奶水

牛奶加熱水，一種比直接飲用熱牛奶便宜和口感較淡的飲品。

滾水蛋

另一種提供蛋白質的營養飲品。
滾水加生蛋，蛋黃由客人自行攪拌，再按喜好加糖飲用。
有一說加入檸檬和小量鹽巴，能有治喉嚨痛的功效。

牛肉茶

此飲品主要為幫助婦孺補充鐵質。從前是用牛肉浸水，再加鹽加薑煮沸飲用。
現時因需求較少，故採用保維爾牛肉汁加熱水取代。

飛砂走奶

不加糖和淡奶的黑咖啡。

美都餐室 ————

特色唐樓藏餐室

於1950年開幕的美都餐室，至今傳至第二代掌舵人，但餐室內外的一切，依舊「五十年不變」。

餐室位於龍蛇雜處的廟街，招待過不同類型的客人，亦吸引了跟黑道有關的電影如《九龍冰室》、《PTU》、《廟街・媽・兄弟》、《酒店風雲》到此取景。

餐室總共樓高五層，50年代唐樓建築包括了地下和閣樓。這種帶有流線型大窗戶的唐樓，從前在香港十分流行，隨著社區重建，現在已不易找到。餐室地下的門窗，都是裝飾藝術主義的設計：門口的招牌和窗框、地下的壁燈，都是富現代化線條的金屬裝飾。二樓則保留典型香港唐樓採用的墨綠色大窗框，高樓底和大窗戶則是從前便利採光跟通風的設計。沒有空調的年代，室內便是依靠天花板的大吊扇把涼風送至室內。跟其他冰室相較，美都沒有它的主色調，因為餐室的不同區域，分別都貼上了不同色系的馬賽克。原因實為節省費用，當年老闆使用有限的資金，四處張羅別人用剩的瓷磚，用低價收購所致，因此讓美都有如一個香港50年代裝潢的小型博物館。

店內還保留了開店時的舊式收銀機，牆上仍掛著手寫菜牌，以及全港只剩下七部的傳菜升降機。香港有些冰室設置有上層閣樓，從前是為富人供餐，坐得更舒適，亦可定價較高。為了方便服務員把熱騰騰的餐點送到上層，便有了小型傳菜升降機。廚師把餐飲放入機檯內，樓上的服務員要是聽到清脆的「叮叮」聲，便會打開升降機拉門，取出餐點送到客人桌上。

除了走過歲月時光，美都還見證了不同的人事變遷。60年代曾見證了油麻地避風塘的水上人家婚宴，晚上可擺上十至八桌酒席，含八道主菜並用糖水結尾。80年代時，BEYOND樂團主唱黃家駒，生前也很喜歡到美都吃點心、尋找靈感。而現在它除了是街坊的食堂，亦成為了不少外國遊客朝聖的地方。

免費茶水用途

以前的冰室都會為食客提供免費茶水，讓客人從炎熱的室外進到室內，可先喝一口茶解渴。免費的茶跟餐牌上製作檸茶、奶茶的茶水（稱為茶底）不一樣；沖泡奶茶、檸茶的茶葉是經過挑選的，並且用特別的方式沖泡。而免費的茶，則用一些比較低檔的茶葉或茶葉碎多次沖泡，所以味道會比較淡。現在有些冰室也會用熱水來取代茶水。

常見用途

`飲用`

在點餐前或等待時，大家都會直接飲用免費茶水。特別是夏天，不少食客或者是勞動階層來此用餐，都會先喝一口解渴，才看餐牌點餐。

`浸餐具`

因為冰室的餐具都是由廚房的一個專職清潔阿姨清洗，再放回店內的不銹鋼筒中風乾，不一定會做到一一用布抹乾。因此，有些注重清潔的食客，會把餐具浸在免費茶中，在使用前做第二次清潔，而這個習慣也漸漸被流傳下來。

添飲

因為免費茶水可以無限次添飲，故有食客會把茶倒進凍檸茶或熱檸茶的杯內，作自行添飲續杯。

其他用途

放冰

有時食客覺得凍飲冰塊太多，會把冰塊移到免費茶水中，免得冰塊溶化弄濕桌子。

盛裝檸檬

有人不喜歡檸檬泡在熱茶中太久，便會把檸檬從已入味的茶中，移到免費茶中，有人會以此多泡一杯熱檸茶。

洗手

有時食客用手直接拿取雞腿、薯條食用，弄髒了手又不想麻煩到洗手間洗手，最方便的方法，便是用桌上的免費茶來洗。

油麻地果欄 ———
新鮮水果批發地

油麻地是另外一個集合不同道地香港文化的社區,有廟有茶樓有民宅,更是香港一個重要的水果批發市場所在地。

油麻地水果批發市場（又名果欄）始於1913年，最初是以草棚搭建而成，至20、30年代，開始有兩層高的磚瓦房子建成。石龍街一列十六座房子皆建於1952年，建築風格相仿；下層是貨倉，上層是工人住處（因為昔日的工人多是家在中國，來港後均住在工作地點附近）。從前的批發市場除了水果，還賣蔬菜、雞、魚、雜貨及米糧等，至60、70年代菜欄和雞欄搬至長沙灣，果欄便專營水果批發。

果欄的全盛時期多達300多個檔攤，至2005年起減少至200多個。每日凌晨1點到5點，是果販的繁忙時間：進行水果批發、競價、交易、轉運等工作，從以往約80％至60％的水果進口來自中國大陸，到現在則有不少是來自於日韓台、東南亞、歐美甚至中南美的水果，經由果欄批發出售。而平時日間和週末，果商也提供零售販賣給散客，不少港人都會前往採購新鮮進口水果。

2009年12月18日，果欄被古物諮詢委員會評定為香港二級歷史建築。磚瓦和鐵皮屋頂建構了一個獨特的建築群，在巷弄裡遊走，可以逐家逐戶地欣賞自50年代留存的古蹟。紅色漆寫的牌匾、吊扇、用來照雞蛋的紅色罩燈、不同設計的水果紙箱、推著板車的工人、叫賣的商販，還有在黑暗中遊走於屋簷間的貓兒，形成了果欄的獨特人文風景。

昔日草根生活的氣息，龍蛇混雜的氛圍，加上古舊的特式建築，自70年代起，果欄便成了電影愛用取景場地；李小龍主演的《龍爭虎鬥》、王家衛執導的《旺角卡門》，都令人對果欄產生跟黑道有關的聯想。時至今日，果欄只剩下一份守望相助的人情味。旅人在附近美都餐室用完餐後，不妨移動腳步前往果欄，感受一下香港的地道悠閒，和品嚐一口進口水果之味。

地址／九龍油麻地窩打老道、石龍街、渡船街和新填地街之間
交通／港鐵站油麻地B2出口，沿窩打老道，往砵蘭街前進，於
　　　新填地街口至石龍街即到。步行約5分鐘可達

冰室座位安排

冰室的座位分為廂座（即卡位）和方桌兩種形式。

用餐繁忙時間，若食客為兩人，卡位需要靠單一邊入座，讓出對面座位給其他食客。如單邊只有一個食客用餐，其他未坐人的位置也會安排其他食客入座。

方桌

方桌的位置不能隨便調動，人數多於四人要分桌而坐，稱為「搭枱」。因為桌子有「搭枱」的安排，故點餐時務必向服務員要求分單。

卡位

一般是四至六人的廂座，食客面對面而坐。

---

*卡位的起源

有說靈感是來自於火車用餐車廂的座位，兩人相隔一張小桌，在互相對望的情況下，營造出一份保有隱私又親密的空間，方便商人談生意及讓情侶談情。

冰室除了麵包，為了迎合食客需要填飽肚子的需求，引入了麵餐，成為全日供應的常餐。冰室的即食麵餐以湯麵為主，從前使用大江麵或福麵，近代則加入受港人歡迎的日本出前一丁即食麵。但因成本較前兩者高，餐費會額外加收兩至五元不等。

福字麵

出前一丁

大江麵

餐肉

香腸

即食麵
常見配菜

雪菜肉絲

沙嗲牛肉

蛋

撈麵屬於新派即食麵菜色，不是冰室常見食品。均由冰室延伸至茶餐廳自行研發，各店家有其特別口味和做法。如海安冰室的鴨胸撈麵，便是因有外國食客特別要求，不要熱湯浸麵，冰室老闆跟員工研製而入饌。人情味濃的員工，更會預先把汁跟麵撈好，才把鴨胸放上送餐。

茶餐廳更進一步將即食麵化身為小菜，如豬扒炒即食麵、XO醬炒公仔麵、芝士炒即食麵等受歡迎菜色。喜歡食即食麵的朋友，要貨比三家，才會找到自己最愛的口味。

百利冰室 ———
沙翁傳奇

每一家冰室皆有其特色食品，是令食客回味再光顧的理由。百利冰室的沙翁，曾為它寫下傳奇。

於1964年開創冰室的韓先生，一開店便於廚房設置焗爐，為區內居民提供麵包西餅至今。沙翁（又名冰花蛋球或者炸蛋球），一度是在70、80年代流行的甜點，曾於茶餐廳餅店，甚至是酒樓風靡一時。至今第二代韓老闆波哥，承襲父親的習慣，每天早上6、7點便開始準備製作當日出售的沙翁。其成份看似只有簡單的麵粉、牛油、雞蛋及砂糖，但各個步驟才是掌控沙翁質感的關鍵。食材份量要依照比例，師傅搓麵糰小球的力度也會影響口感，油炸更講求心性及耐性，油溫要控制在攝氏120度，於35分鐘時間內邊炸邊翻動，才能調控出圓渾金黃外層，最後在外層仍熱之時沾上糖粒。為保持品質，韓老闆堅持手工慢火炸成金黃色，每日製作100個，賣完不作補充。這份堅持，成了百利的招牌。

第一代百利原址，早於韓老先生退休時結束賣掉。現址是用賣掉原址的資金置入的鄰舖，好讓回家接棒的波哥將老舖遷移，延續父親的冰室精神。店內的冰櫃、餅櫃還有木桌椅跟裝潢，都沿用老店的風格；現時仍販售不少傳統食品，包括被波哥形容是中國版馬卡龍、由蛋白與糖製成的馬令，還有窩蛋鮮奶、滾水雞蛋及鳳凰奶糊等。

在門口的老式餅櫃，除了傳統西餅，還有一些卡通曲奇，那都是妹妹Sandy從溫哥華回流，加入百利的創作。兄妹二人合力經營的，是延續60年代的那份人情味，讓老街坊還有不少慕名而來的中外旅客，在店中透過食物去感受香港的老冰室情懷。

地址／西灣河筲箕灣道216號地下
交通／港鐵西灣河站B出口

冰的由來與港式奶茶製法

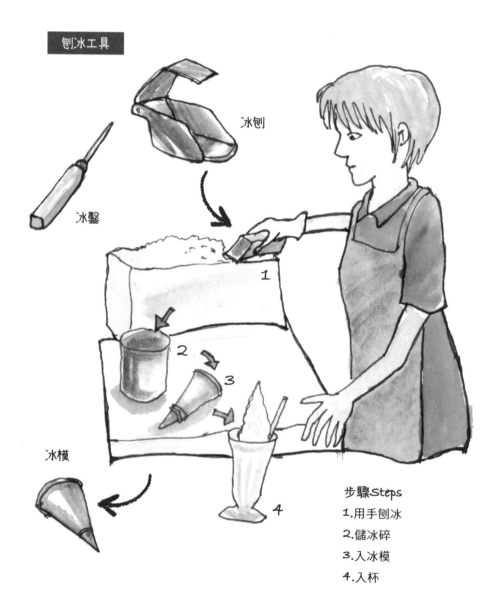

刨冰工具

冰刨

冰鑿

冰模

1

2

3

4

步驟Steps

1.用手刨冰

2.儲冰碎

3.入冰模

4.入杯

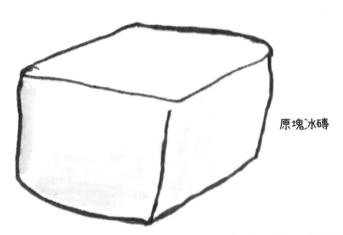

原塊冰磚

常見凍飲冰塊的形狀

隨著製冰行業的發展，冰室不再需要自行人工刨冰，而轉用預製的冰塊。有不少冰室早年都曾轉用自製刨冰機，但因為機器經常使用，容易損壞而被棄用。

現時冰室都是訂購製冰公司的預製冰塊，所以有了凍飲加兩元的費用，用來補貼購冰的成本。

袋裝冰粒

方塊冰　　　　圓筒冰

碎橙茶（粗茶）

濃度較淡但耐沖，放久了茶香更醇厚。

港式奶茶製法

茶葉為了節省成本，港式奶茶在初期主要是採用中國的紅茶。當香港經濟開始發展，食客的購買力和要求提高，港人對茶的品質也更有要求。冰室茶餐廳便轉用錫蘭紅茶，而購入的茶葉按粗幼主要分為三種，再由冰室的飲料吧檯師傅，按其準則調配，創造出各家獨門沖泡祕方。

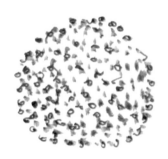

幼塵（幼茶）

濃度較高，出味較快，沖泡後令茶色加深。

碎橙毫茶（中茶）

介乎粗茶和幼茶之間作為平衡。

煉奶
坊間多用壽星公、三花品牌。

奶 有一說港式茶檔奶茶源自殖民地時代的英式下午茶。英式採用鮮奶沖調，因為鮮奶價格貴，早期港式奶茶多用煉奶製作，而濃味甜度高的奶茶，亦可為體能消耗大的工人階層補充體力。

隨經濟發展，港人更注意健康，便轉用全脂淡奶製作。淡奶是鮮奶蒸餾過後的製品，內裡水分因為比鮮奶減半，質地較為黏厚，所以港式奶茶的口感較英式的圓厚醇滑。

淡奶
常用品牌三花、子母和黑白淡奶。

茶壺

基於成本考量，大牌檔不能用英式的瓷器茶壺，亦不能用茶樓般大小的大圓壺，因為茶的流量較低，太大會讓茶葉泡太久，讓茶變苦。因此五金師傅按照需求，為冰室量身打造一個可沖八至十杯茶，輕而快熱的小壺。

物料

初期使用銅製，現在轉成銻材質，其耐用和快熱度不減。

壺嘴

短而尖咀，可供飲料吧檯師傅製作撞茶之用。

壺身

可盛2.5公升的水，浸泡出茶味。

港式奶茶製作

從前60-70年代的冰室茶檔主要分兩大流派[*]：一個是「祥」字頭，乃潮州幫；另一個是本地幫「蘭」字頭，而那個年代，蘭香室是最出名的。

祥字頭的沖法：是逐杯沖泡，客人下單，師傅才把茶葉放入茶袋，一兩杯的沖，先奶後茶，撞出鮮滑口感。不過，現時茶葉質素不及從前，要花一段時間去泡出茶味，加上現代人講求效率，故這方法漸被棄用。

現在一般飲料吧檯師傅多採用蘭字頭的沖法。每次先泡一大壺茶，又撞又沖又焗，務求在短時間內將茶味逼出。沖好的茶會放在爐上保溫，接到訂單便在杯中注入茶，即可加奶奉客。

各年代的
奶茶杯

40
年代
坑紋杯
耐熱

60
年代
瓷杯
保溫度高

80
年代
膠杯
輕身不保溫

90
年代
保溫鐵杯
非常保溫

*資料來源：根據新華茶餐廳民哥的訪問
（明報週刊.陳卓君 .27 Dec 2017）

茶餐廳

香港人的地道西餐文化

茶餐廳的起源

西餐文化源於廣州十三行商人，因與洋人貿易時透過食用洋餐促進商談而傳入，18世紀末傳到洋貿日增的上海。20世紀初，香港西餐廳均設於酒店，顧客多為洋人。至1905年，香港華人於中環開設西餐廳「華樂園」，提供比酒店價格低10倍的全餐，包括8道菜含餐湯、果凍甜品、水果和咖啡茶，深受上班族歡迎。

其後西餐廳紛紛於中環開業，提供價格合宜的3道菜「散餐」，成為政府文員和洋行職員的午餐聖地。50年代，港式西餐廳走向平民化，室內裝潢簡化，也不像高級西餐廳講究，將俄式羅宋湯入餐，並提供餐包任吃。隨著大眾對廉價西餐的需求日增，加上冰室未能補足上班族對午餐份量的需要，茶餐廳便應運而生。

茶餐廳的快餐針對上班族設置，內容物有：羅宋湯、豬扒飯配餐飲咖啡或茶。為了不讓食客吃膩生厭，有時主菜還會多加一兩種選擇，如肉醬通心粉或其他。食客用餐完畢即離座，不會久留。另一個茶餐廳經典菜色則是「老人牌」*早餐：煎雙蛋、火腿通心粉、配咖啡或茶。這兩樣都成了茶餐廳的必備餐單。

70-80年代，茶餐廳漸取代了餐室、咖啡館及冰室，主因是茶餐廳牌照讓其可提供食客各種類的食物，而且價錢合理、食物份量十足；分成早餐、午餐、下午茶及晚市供應，不少人點一杯飲品，便可消磨半個下午時間。

茶餐廳是見證香港發展的重要地方，從戰時逃難到港的人交換情報；工業盛行時代成為工廠職員的飯堂；到現在成為老人家聚會，大眾討論賽馬至滿足一日三餐的地方，要感受香港人的各式生活人物百態，肯定非茶餐廳莫屬。

---

*因為是長期流行的早餐配搭菜色，加上受老顧客歡迎，而有「老人牌」之稱。

點餐的藝術

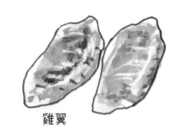

雞翼

茶餐廳菜色組合

茶餐廳的菜色，基本上都是由下列幾種
基礎食材所組成。

食材

豬牛雞肉、叉燒、午餐肉、雞蛋、火腿、
香腸、番茄、麵包、飯和各種粉麵⋯⋯

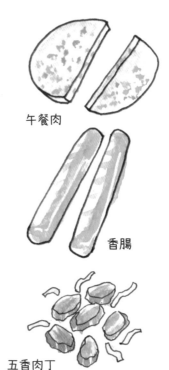

午餐肉

香腸

烹調方法

炆、炒、焗、煎、放湯

醬汁種類

茄汁、葡汁、咖哩、洋蔥汁、黑椒汁等

五香肉丁

飯

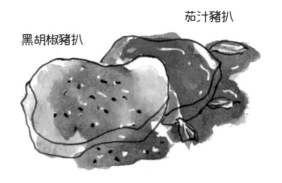

茄汁豬扒

黑胡椒豬扒

通心粉

早餐/常餐

早餐和常餐都離不開腸蛋/餐蛋/叉燒通心粉或麵，加牛油麵包跟
炒蛋/煎蛋

午餐/快餐

午餐/快餐則是肉絲炆米、叉燒炒蛋飯、黑椒豬扒飯、茄汁豬扒
香腸飯、雞絲/叉燒炒飯

煎蛋

為了節省烹調和客人等候的時間，所有食材都在早上預先備妥，
大廚只需「照單執菜」，下鑊大火炒一會便可上菜。故只要細心
留意餐牌上的食材，食客可以向服務生提出以自己喜歡的食材和
烹煮方法配搭，例如：葡汁雞飯可改成葡汁豬扒飯。基本上只要
不是過於奇怪的配搭，服務生都會答應下單。

為了吸引食客上門，現今不少茶餐廳都會提供層出不窮的創新配
搭。食客需要嘗試自己創作的餐點，可能都沒什麼機會了。

義大利粉

術語

食品篇

適用於冰室和茶餐廳

公子

公司三文治

雖然確實起源已無從考究，但公司三文治已成為各茶餐廳大廚自由發揮的項目。不同的茶餐廳用料不同，成了各家餐廳的特色代表作。大家不訪嘗試不同餐廳比較一下。

公司三文治這個名稱，有一說最早是源自採用大量即食食物材料而製成的Club Sandwich（夜總會三文治、也叫會所三文治），裡頭主要內容有夾煎蛋、火腿、菜、起司、醃肉和番茄等各式食品。

另有一說是因從前辦公室白領職員工作太忙，沒時間吃午餐，於是茶餐廳因應市場需求，採用麵包片加上大量不同的食材，創出這種能填飽肚子的速食食物。因三文治份量比平常的大，客人多要求外帶食用，於是茶餐廳便將之取名為「公司三文治」。

蘿友

菠蘿油

餐蛋麵

午餐肉煎蛋麵

蛋牛麵

煎蛋牛肉麵

腿通

火腿配湯通心粉

牛意

牛肉配湯義大利粉
（配料也可因人而異）

西多

西多士
（法式多士的簡稱）

夏蕙姨

西多士
（因為西多士要淋
上糖漿，意指香港
50、60年代著名演
員黃夏蕙跟林蛟拍
拖的情史）

生春

太陽蛋

孖春

雙蛋

熟春

熟蛋

反春

三文治用的雞蛋

飛邊

切去麵包皮的
三文治麵包

烘底

烘烤過的麵包

制水

乾炒牛河
（制水即無水，廣
東話為乾塘，引伸
至乾沽的河）

鬼佬肉

咕嚕肉
（取咕嚕的廣東話
諧音字）

燒衣

乾燒意麵
（取燒伊的廣東話
同音字）

加色

飯上面加上
少許牛腩汁
／豉油

加馬

加碼
飯或麵加份量

加底

雙倍份量的
飯或麵

扣底

一般用於
碟頭飯類菜式
意指減少份量

雙扣

配料和飯
都減份量

炒底

碟頭飯底由白飯
轉為炒飯

兜亂

碟頭飯盛盤前
先將配菜和
飯麵混合一起

黑汁

黑胡椒汁

白汁

忌廉蘑菇汁

紅湯

羅宋湯或者
義大利菜湯

白湯

蘑菇忌廉湯或者
周打魚湯

滾水

例湯

靚仔

白飯

行街

外賣

揹拖行街

送兩份附近
地址的外帶

堂食

在餐廳內享用

檀島咖啡餅店 ——
新鮮蛋撻之選

每一家老字號的茶餐廳，總會有其備受歡迎的招牌食品。

始於1940年的青山道第一家店，本為冰室，後於1990年代遷往灣仔及中環的檀島咖啡餅店，其招牌菜便是酥皮蛋撻、咖啡和奶茶。90年租金上漲，便轉型成茶餐廳，加賣粥粉麵飯等擴充客源，增加生意。雖然中環店因租金高昂而關閉，其蛋撻仍可在灣仔吃到。

有傳聞說檀島的酥皮有192層，師傅自己卻不曾數過。檀島能成為酥皮蛋撻的掌門人，每天流量甚高，甚至接過上千的訂單，全因人們對其酥皮口感的熱愛。檀島蛋撻的酥皮，又酥又鬆，是經過費時的預備：麵糰搓揉好放進冰箱冰硬，待硬了拿出來後又再搓揉，前後得花上一天功夫才能完成，絕對不能貪快偷步。餅房師傅每天半夜2點已經開工做蛋撻。

切開一個蛋撻細看，除了表面肉眼看到的那一圈化開的酥皮，其他部分的撻皮其實只有一毫米厚，所以即使製酥皮的材料有牛油又有豬油，入口也不覺膩。餡料方面，要做到香滑富奶香，除了精選的雞蛋和糖水，蛋漿還得加上奶粉和花奶，稀稠得宜，才能讓蛋質堅挺，不會失去蛋撻應有的滑溜。

我們常見新鮮出爐的蛋撻脹鼓鼓的，而好看完美的蛋撻出爐時，蛋的部分應該是平面的較好，蛋面脹起其實是屬於過火略老。檀島師傅控制火候經驗豐富，不用看時鐘，雞蛋剛熟便及時出爐。

檀島之名氣使其蛋撻銷售量甚大，下午時間到達檀島，較能輕易買到新鮮出爐的酥皮蛋撻。新鮮出爐入口，才是品嚐蛋撻的最佳時間。

地址╱香港灣仔軒尼詩道 176-178 號
交通╱港鐵灣仔站 A4 出口旁

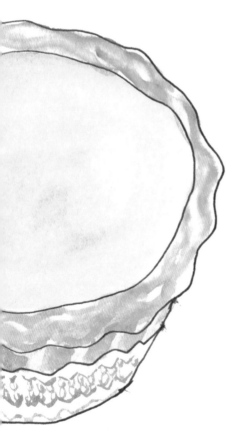

蛋撻是始於英國中世紀時出現的傳統冰甜點：卡士達塔（Custard Tart）。該時期的英國人已懂得利用奶品、糖、蛋及不同的香料，製作類似的食品，也就是蛋撻的雛形*。之後於20年代廣州茶樓，出現在點心師傅推出的「星期美點」之中。

1927年，一家西關百貨店的附設酒家，改良洋人的餡餅，而創造出粵式蛋撻。出爐後並以暖爐保溫，讓茶客不論何時都能吃到熱蛋撻。香港直至40年代才有蛋撻出現，50年代普及於茶餐廳。港式蛋撻製法有點像中式燉蛋，外皮是承托蛋餡的重點。故不同師傅都會研究其製皮的方法，當中以泰昌的曲奇皮最廣為人道。泰昌的歐陽天閏師傅拜師學藝多年，當時不少政商富人的司機都會特地到泰昌買蛋撻西餅，再回家放進微波爐加熱食用。

港式蛋撻
的故事

蛋撻的選擇

傳統蛋撻不論酥皮或牛油皮，冷卻後蛋餡都會變軟，且皮會龜裂。於是歐陽師傅不斷調整麵粉跟牛油的份量來改良蛋撻的皮。某天他突然想到曲奇可保持香脆多日，於是朝該方向研究，發現用杏仁曲奇的麵糰作皮，可保持「皮脆餡滑」的質感。經過多番實驗，終改良而成。至於蛋餡不裂的祕方，也是經過多年研究、多次調整糖水和蛋漿比例的成果。師傅亦有開班教學，除了富家閨秀之外，更有西餅同行前來拜師學藝。

法式鹹派較常用水皮來製作。水分含量較高，製作時較難定型，成品不夠酥脆。這也是我們常說的「曲奇皮」或「牛油皮」。

傳統來說豬油是做派的最佳脂肪來源。因熔點較高，水分很少，烤出來的效果酥脆。常用於鹹派、叉燒酥和港式蛋撻上，是「酥皮蛋撻」所用的酥皮。

水皮／油皮　　　豬油酥皮

甜派類較常用。若以糖粉取代砂糖，麵糰會更加細滑。

最百搭的酥皮，可用於鹹派或鹹塔。牛油需在融化前搓至軟滑，然後混進其他材料。

甜酥皮　　　鹹酥皮

曲奇皮跟酥皮哪一個比較好吃，完全視乎個人口味。每家茶餐廳的師傅都有自己的祕方，建議大家嚐試不同的店家比較，再作定案。當然新鮮出爐的蛋撻一定是最美味的。

---

*資料來源：英國食物歷史學者Laura Mason於《Traditional Foods of Britain》書中提出。

蛋撻之外

從以前的冰室，到現今的茶餐廳，除蛋撻外，
還為港人供應不同種類的西餅麵包，不少是港
人的童年回憶，又或是每天早餐之選。

懷舊西餅

椰撻

曲奇餅皮上盛著厚實的
椰絲餡料，椰香味十足
卻不甜膩。上面頂著一
片糖水漬櫻桃，一點點
甜。買不到蛋撻時的另
一個選擇。

瑞士卷

港人稱之「卷蛋」，又名瑞
士卷；中、日、英三種語言
均以瑞士卷將之命名。港式
瑞士卷的賣點是那陣淡淡的
蛋香，以及中間那層軟滑的
奶油。跟紙包蛋糕一樣，瑞
士卷屬海綿蛋糕，蛋糕底的
做法差不多，差別在於出爐
後瑞士卷上會塗滿用糖漿及
牛油做成的奶油，再捲成圓
柱體。

紙包蛋糕

軟綿綿的高個子蛋糕。二戰後至50
年代中期，物質短缺，當時紙包蛋
糕屬昂貴小吃。據說紙包蛋糕是由
葡萄牙海綿蛋糕改良而成，當時的
牛油、麵粉都很貴，師傅便使用成本
便宜的本地食材做蛋糕，不求花巧，
只需新鮮、夠份量、飽肚和好味。
至70、80年代，甚受小朋友歡迎。

餅櫃常見老西餅

蝴蝶酥

不像西式酥皮般香脆，但含有濃濃的牛油香，是從前下午茶之選。

提子切片蛋糕

極具牛油香及蛋香，蛋糕質感鬆軟又不甜膩，是飽肚的下午茶之選。

核桃切片蛋糕

牛油蛋糕加上數塊核桃製成，蛋糕軟綿又富核桃的硬度混合口感。

巧克力曲奇

跟椰撻一樣上面放上了一片糖水漬櫻桃，樣子看上去像是巧克力撻，其實是兩大片鋪滿了巧克力的曲奇夾在一起。

金鳳茶餐廳 ———
無冰凍奶茶．冰火菠蘿包

自1956年於太源街開業的金鳳，1995年才搬到春園街。新舖變小了，卻是老闆何伯為了繼續為灣仔街坊服務而堅持留在原區。金鳳的出爐蛋撻和雞翅，一直深受區內居民歡迎，亦是讓老闆堅持繼續經營的原因。

菠蘿油、無冰凍奶茶及蛋撻是金鳳的鎮店三寶。店內麵包出自老師傅之手，採用傳統做法，每個都結實厚重。每盆出爐的菠蘿油均是客人下單，才會逐個用剪刀剪開，夾進冰箱內預先切好的新鮮牛油，成了食客口中聞名的「冰火菠蘿油」。食客都在剛出爐時段選購，多於下午5點就會售完。

而凍奶茶的作法，其特別之處在於它不採用冰塊來降溫，而是把整杯奶茶放進冰箱，故即使奶茶變暖也不會像其他冰凍奶茶一樣，因冰塊融化而口感變淡。這是店家另一道受愛戴的「無冰凍奶茶」，亦屬傳統的凍奶茶製法之一。

金鳳屬於針對區內街坊服務，只做早午市的茶餐廳，不提供晚市，每天7時便關門休息。麵包雞翅賣完即不再補充。

地址／香港灣仔春園街41號
交通／港鐵灣仔站A3出口，沿柯布連道步行至莊士敦道右轉，
　　　春園道左轉可達

振安大押 ——
灣仔戰前唐樓當舖

灣仔區內本有三座戰前唐樓當舖：於2015年拆掉的同德大押，改建為商舖的和昌大押，還有仍在營業的振安大押。

振安大押外觀採用搶眼的鮮綠色玻璃窗；雖屬於戰前唐樓，但由於在戰後經過不少次外牆裝修，完全沒有留下任何反映戰前唐樓的特徵，外貌已面目全非。不過走遠一點看，還是能看見原有的金字頂。

地下的雲石外牆約是80年代改建。上層的露臺牆身，則是50、60年代最流行的紙皮石磚。從振安大押往海邊方向走，經過譚臣道後，在菲林明道回望振安大押，仍可見到俗稱為「金字頂」的斜屋頂。

金字頂是30年代以前所建唐樓的斜屋頂。採用木材及瓦片蓋屋，形成斜頂，自30年代起，現代混凝土技術開始盛行，屋頂自此都改成平頂。

地址／灣仔莊士敦道60至66號
交通／港鐵灣仔站A3出口，往莊士敦道步行5分鐘可達

金華冰廳 ────
廉價鮮製菠蘿油

1973年於太子區開業的金華冰廳，可說是為了提供大眾廉價菠蘿油和酥皮蛋撻這使命而存在。「菠蘿油」在50、60年代風靡香港，當時是餐桌上的奢侈品，售價不便宜，只有少部分茶餐廳和冰室供應，不像今天已成為是普及大眾的平民美食。當年金華的老闆陳先生發現了這一商機：他自己愛吃菠蘿包，加上家裡開麵包坊，於是便打算開一間專賣「菠蘿油」的店，為的是把傳統的東西做好，分享給大家吃。

開業至今，菠蘿油和酥皮蛋撻一直都是店內最熱賣的產品。沒有固定出爐時間，客人需不時來碰碰運氣。有些常客到訪甚至不是為了吃菠蘿包，而是找老闆娘閒聊，體現香港另一種人情味。

老闆娘表示，金華的菠蘿包做法跟其他茶餐廳沒兩樣，最重要的是他們堅持用手工搓揉麵糰，讓麵包可以保持鬆軟富有彈性。

至於酥皮蛋撻的材料，也都是經過精心挑選，包括有：荷蘭豬油、新西蘭牛油、本地麵粉、韓國砂糖、德國雞蛋、荷蘭著名的品牌奶粉等等。餐廳現時只賣酥皮蛋撻，但十年前他們也曾跟著潮流做曲奇皮蛋撻，最後為了專注於傳統酥皮的繁複工序，很快便決定停售。師傅鑽研出最富手感的128層，是他們經多次研究後得出的黃金層數。一邊以豬油、牛油、奶粉及麵粉製作油皮，另一邊則用蛋、麵粉、糖、奶粉、水做水皮，兩者交疊，烤出來才有層次分明的效果。冷藏一晚後，再把水皮放在油皮上，用人工多番摺疊成128層酥皮。

金華見證了當年工人們3點15分的下午茶時段，幫助他們補充在午飯至6點之間工作所需的體力。到現在時段已改為2點至6點，讓各界人士都可隨時享受到用心製作的麵包點心和奶茶。如果運氣差吃不到菠蘿油，還有其他麵包可供選擇，口味亦相當美味。

地址／太子弼街47號地下
交通／港鐵太子站B出口，再往旺角方向步行即可到達

「菠蘿油」的製作過程

1. 把打好的麵粉搓成乒乓球大小，排列好之後發酵1小時，讓其膨脹至兩倍左右。
2. 在上面鋪上一層由糖、黃油、麵粉、蛋黃等材料製作成的「菠蘿皮」，然後放入烤箱烘烤。
3. 拿出來再塗一層全蛋液，另再烤15分鐘。
4. 最後把烘烤好的「菠蘿包」切開塞入牛油塊即大功告成。

菠蘿包食法。

發揮創意，創出其他不同的

為了吸引食客，麵包師傅還

菠蘿豆沙

菠蘿包內夾上紅豆沙，有些
則是原粒紅豆，一種麵包滿
足兩個願望。

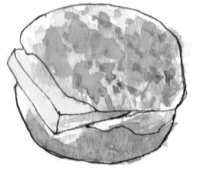

菠蘿油

菠蘿包內夾上一層厚
厚的牛油，令菠蘿包更
香滑。有些茶餐廳會
在新鮮出爐的菠蘿包
內，夾上冰冷的牛油，
又名「冰火菠蘿油」，
是菠蘿包粉絲的至愛。

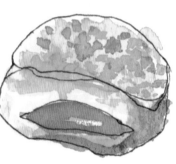

菠蘿醬

菠蘿包內夾上一大片果醬，
多數是菠蘿口味果醬，讓菠
蘿味道更香甜，最受愛甜之
人和小朋友喜愛。

菠蘿包夾其他材料

現在不少茶餐廳發
揮其創意，將菠
蘿油夾厚炒蛋，亦
有菠蘿包夾番茄煎
蛋等等，讓菠蘿包
變成漢堡包一樣食
用。

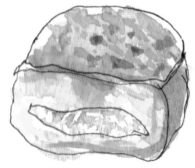

菠蘿椰絲

菠蘿包內夾上大量椰絲，咬下去更
富口感，並多了一陣椰香。

菠蘿包之外

受大眾歡迎的選擇。包會變胖子，於是便有其他當作早餐，但每天都吃菠蘿現今香港的上班族多買麵包

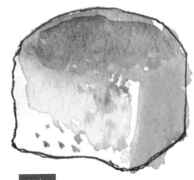

餐包

從前是西餐廳跟餐湯一起上菜的麵包，茶餐廳為讓大眾品嚐而提供，口感鬆軟微甜。

長長的豬仔包可說是鹹版的餐包。麵包掃上一層蛋液而讓表皮呈光亮，口感鬆軟微鹹。

豬仔包

椰絲奶油包

另一款在60、70年代流行，深受小朋友歡迎的麵包。包面鋪滿碎椰絲，中間劃開一刀，中間填滿一條星形的奶油，口感軟滑又有奶油的香甜。但因其脂肪含量極高，現在物質豐富的香港人便開始少吃。現今只有部分老茶餐廳和麵包店可以找到。

60年代香港物資匱乏，麵包師傅不想浪費食材，於是把剩餘的麵包麵粉糰，加糖和牛油做成餡料，像雞尾酒（cocktail）般左溝右混，雞尾包於是誕生。而且製作成本不高，因此售價較便宜。在同舟共濟的日子，填飽過不少窮人的肚子。雞尾包表層都鋪上芝麻和條狀糖粉，內裡是濃濃的椰絲混合砂糖，香甜非常。

雞尾包

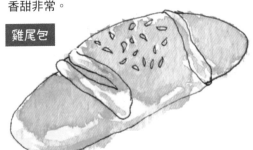

新華茶餐廳
特色樓上雅座

1966年開業的新華，位於從前是工廠區的長沙灣，曾經為不少工廠工人和婦女提供午餐。60、70年代，長沙灣是往來新界、九龍其中一條必經之路，附近不少餐廳例如大華、飛鷹等像新華一般，位處唐樓地舖。唐樓的高樓底，讓茶餐廳可以再劃分為閣樓，設有樓上雅座，成為上班族躲避老闆享受下午茶，又或是情侶親密談情的好地方。新華的閣樓，現在仍沿用當年的玻璃壁燈跟狹窄的柚木卡位。透過那昏黃的玻璃窗，可望到街上行人街景。

另一樣新華保留的歷史產物，便是食物升降機，也是現存於香港的7部電動食物升降機之一。這部是在1982年啟用，為三層架設計，前後均設有閘門，一前一後連接茶水部及廚房。跟鏞記酒家的電動食物升降機一樣，是1954年創辦的振明電梯製造。振明以食物升降機起家，是香港最大的食物升降機生產商，包攬全港約九成的食肆生意。旗下首部電動食物升降機最早於1960年面世，由「電梯大王」盧振明設計及製造，當年半島酒店、麥當勞等亦是其客戶[*]。

早於60年代，新華已擁有自家食物升降機，置於現時位置，不過是以人力操控，內裏以數個齒輪運作，將食物放在不銹鋼箱內，再往下拉將鋼箱送上去。員工每天最少要拉過百轉，有時食物太多太重，拉到手都累！

食物方面，新華持守他們選材的用心。其聞名的沙嗲牛肉麵，採用新鮮牛肉製作，為防止肉商交來次貨，店東柯先生還原件買入牛𦟌肉，再吩咐廚師親自切片，不用任何醃味處理加工，直接以來自潮州的沙嗲醬爆炒。牛肉既滲入了香濃的沙嗲味，又保存了牛肉的鮮嫩。其他常餐的用料也非常講究，義大利麵和通心粉都是日本進口；麵包則是自家餅房做的甜餐包，又香又軟又甜。而且多年來仍以廉宜的價格，為街坊提供餐點。門口玻璃櫃還存放著當年首創的公主裙立體蛋糕，以彩色繽紛的忌廉鋪排成裙，底層則是海綿蛋糕，當年連大型連鎖店都要模仿。現在不少老街坊鄰里仍是新華的常客，依然可以感受濃厚人情味。

---

*資料來源：振明網站

地址／長沙灣青山道334號
交通／港鐵長沙灣站C出口，往青山道直走可以到達

「名不符實」的香港出品

香港茶餐廳有幾道菜，看其名會以為是進口食品，但其實「名不符實」。

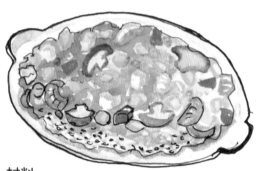

材料

- 白飯：因為是濕炒飯，所以飯底可以是現煮熟飯，先用蛋炒飯底。
- 冬菇：切粒讓菇味滲透飯中。
- 芥蘭：切粒易入口
- 雞肉　　　　● 蝦仁
- 芡汁：用上雞湯、生粉、生抽、老抽及蠔油製成。調製方法和份量，各廚師各有其做法。

福建炒飯

福建炒飯是另一款流行的濕炒炒飯，在福建卻沒有這種炒飯。有說當年創作這款濕炒飯的廚師祖籍福建。亦有說它本源自於福建，是民間的炒米粉，後隨移民傳至南洋，為適應當地口味，而被加進了辣椒及咖喱等調味料，再回流返港。其由來實已不可考。

星洲炒米

「星洲」是指新加坡，但新加坡本地則是沒有這種加了咖喱的乾炒米粉。在新加坡有一款「香港炒麵」，同樣只在新加坡才有。

材料

- 米粉　　● 咖喱塊　● 辣椒絲　　● 洋蔥
- 胡蘿蔔　● 雞肉　　● 蔥花

揚州炒飯

揚州炒飯並不是來自揚州。其起源於清朝光緒年間的廣州，之後傳到香港才發揚光大，至今成為港式特色菜式。而2002年揚州市為了建立其城市特色食品，揚州市烹飪協會根據《中國揚州菜》、《揚州菜點》、《淮揚風味》等不同菜譜中的敘述，同時參考了各種食品工業標準，推出了「揚州炒飯標準」，還將「揚州炒飯」註冊成商標。當年引起了各方討論。但無論誰是誰非，港式揚州炒飯已經是香港人心目中的地道茶餐廳食品之一。

材料

- 白飯：為了讓口感粒粒分明，多用冷藏的「隔夜飯」製作。
- 雞蛋：烹調時會將蛋黃與蛋白攪拌均勻，才能炒出金黃色的效果。
- 叉燒粒：如採用新製成的叉燒切粒，口感會更好。有店家會改用火腿絲以節省成本。
- 蝦仁：有店家會省略，以求薄利多銷。
- 蔬菜：隨廚師選材，一般會用生菜絲，亦有廚師會使用青豆和玉米粒。
- 蔥：切粒，先燒紅油炒香，更添香氣。

廈門炒米

跟星洲炒米一樣，不是源自廈門的乾炒米粉。味道酸酸甜甜，主要是五柳菜主導整個味道。

材料

- 五柳葉：一般廈門炒米採用五柳菜，有的則用酸子薑，但味道沒有五柳菜般甜。
- 米粉
- 蝦肉
- 甘筍：切絲
- 紅辣椒絲
- 叉燒絲
- 雞蛋：煎蛋切絲
- 青尖椒絲

咖啡館

品味西洋咖啡奶茶

西洋現代咖啡文化

香港人對咖啡的需求始於70年代的茶檔，當時苦力工作者為提神而飲用，為功能上的需要。至90年代香港連鎖咖啡店Pacific Coffee，以及之後的星巴克進駐，將美式咖啡文化正式引進。星巴克的成功促成了2000年初期，樓上咖啡店的開業，開始了休閒式咖啡文化。近十年的現代咖啡文化漸流行於年輕一輩，有別於冰室、茶餐廳，店主和客人將重點放到咖啡豆產地、沖泡方式的研究上，由從前為了滿足基本的味蕾需要，轉移到與世界生活品味接軌和文化交流的一種追求。

熱愛咖啡的店主，開店將各種產地的豆子引進，推廣精品咖啡，並且成立咖啡師培訓到出國參加拉花比賽，時至今日，包含各種生活理念的主題咖啡店，如雨後春筍般開張。除了販售咖啡外，不同店家還會舉辦各種活動，如畫展、工作坊、讀書會、音樂會等，每一家店都為香港的西式咖啡文化，帶來不同的演釋方式，展示和推廣各種城市的生活態度。不知不覺地，也為居於香港不同國籍的人，建構了一個互動交流的空間。

teakha 茶家

Teakha 茶。家 ————

手煮奶茶跟慢活文化

位於上環寧靜的太平山街一角,於2012年開設了一家清新的茶藝小店。店主提供現煮奶茶,茶葉選用來自世界各地的品種:中國的鐵觀音、印度的阿薩姆紅茶、斯理蘭卡的錫蘭紅茶和大吉嶺紅茶、日本的綠茶等等,沖泡不同的奶茶或單品茶,讓客人發掘世界各地奶茶的品嚐方式。開業初期太平山街仍未像現在這般熱鬧,而Teakha可說是區內的老街坊。

店主Nana Chan專訪

Q1 為什麼想要開一間茶店?

大概是跟我喜歡品茶的愛好有關。爸爸曾定居英國,喜歡喝英式下午茶。自小家中就有喝下午茶的習慣,奶茶用上錫蘭茶或其他茶葉加鮮奶自家手沖。居於台灣時的我發現這種沖法和早餐店用奶精的沖法不同;另外,我也會跟媽媽到不同的店喝下午茶,直到移居香港後仍保留這習慣。這愛好讓我從年輕時,便開始鑽研不同奶茶沖泡的可能性,30歲後更有了開店推廣奶茶文化的念頭。於是開了茶家,希望可將台灣小店的慢活文化,帶給忙碌的香港人。

Q2 為什麼會選擇太平山街開店?

我覺得這個小區跟台灣那些恬靜的小區很像,正是我理想中的慢活氛圍。

Q3 你希望茶家能為這個社區的人帶來什麼?

我希望茶家能提供一個讓客人享受寧靜,看看書,跟陌生人閒聊,和品嚐手沖奶茶的地方。2014年曾經萌生過一個創意,在店外的小巷鋪上綠油油的地墊,供客人隨意享用公共空間,並且舉辦不同的活動,如音樂會、分享會等等,希望可以讓大眾看到公共空間使用的可能性。不過2015年初,有人投訴茶鋪佔用了公共空間,食環署介入調查,並明令禁止再度使用。雖然當時引起了大眾對公共空間活用的討論,可是輿論關注只是一下子的事。之後有不少咖啡店或小店都會模仿利用店外空間,舉辦各種活動,對我來說這個主意仍未算完全成功。現在我們都不能像從前那樣張揚地去舉辦活動,人造草皮也不可能大面積地展開,可以坐著的區域,僅限於靠近牆邊的位置。要取得一個平衡各方利益的方法,我仍在鑽研中。

Q4 什麼是茶家的推薦飲料？

印度香料奶茶（Masala Chai Tea）是店中最受歡迎的奶茶，有客人更說比印度街頭販賣的好喝。因為食譜是我在印度旅行時，跟一個當地媽媽學習的。加上茶家使用嚴選的優質阿薩姆紅茶，不像印度人加那麼多糖，可以讓客人嚐到茶葉本身的濃醇，還有奶的幼滑質感。

Q5 你希望茶家在香港的飲食文化發展上，擔當什麼角色？

茶家之外，我開創了一個自家茶葉品牌「Plantation」。我希望透過這個品牌，加上工作坊，去推廣茶藝教育，讓人了解出產自世界各地的各種茶葉烘焙及沖泡方式。像其他咖啡店推廣咖啡文化一樣，令更多人愛上品茶。

地址／上環太平山街18號B舖

交通／港鐵上環站A2出口，步行約10分鐘可達

Q6 你如何計劃讓茶家在香港西式茶藝的歷史上留下足跡？有信心將其變成一間香港的老字號？

在香港經營小店是有營運的壓力。客人坐得太久，會少了收入，但限制客人逗留時間便有違初衷。現在正為達到初衷（讓客人享受慢活）跟維持經營兩者中取得平衡。另外希望透過自家茶葉品牌，可讓「茶家」在香港的品茶文化推廣中，寫下一頁歷史。

Q7 你認為什麼是香港的特色食物？

肯定是港式奶茶！還有奶醬多士跟菠蘿包等茶餐廳供應的食品。

InBetween ———

香港新舊復古雜貨小店

在茶家後方的街角，有一家全藍色框的英式店舖，它是InBetween。源於2012年3月中，由設計師Kinn和做市場推廣的Leo，在銅鑼灣加路連山道開的新舊物小店。2013年Kinn將店搬到太平山街地舖，面積較大，地舖二樓是他的設計工作室。除了店主在外國復古店或二手市集，搜羅的設計或復古好物，近年還加入不同本地設計師和畫家的作品售賣。店旁都被樓齡有三十年的住宅包圍，旁邊還有一間地道茶餐廳，店外的空間，既是茶餐廳的用餐區，又是小店的展場，不時有各種市集和工作坊舉行，是一家融和中西新舊的特別小店。

創辦人Kinn Wong專訪

Q1 為何會開復古小店？

其實我從沒有想過開店的計劃，初期是在英國留學時，開始喜歡蒐購舊物和設計小物。每一次的旅行都會帶回不少物品，日積月累了一定數量，才有不如開一間店去展示的念頭，如果遇到有心人也可以割愛讓對方收藏。剛好那時遇到Leo，便在銅鑼灣開始了InBetween。店名「InBetween」照字義來看，原本是一種不能分類的概念，混合兩種或以上風格類型的事物。但InBetween更廣義來講，應該可以解釋為較開放和任性，可容納多元設計及各種可能性。後來我把店搬到太平山街，便是抱著這個理念。店內展示的都是我喜愛的風格和設計，可說是一個小小的Kinn風格展示館。

Q2 你希望小店可以為這個太平山街社區帶來什麼改變？

Alternative——另類選擇。

我從不認為InBetween是古董店；要稱得上古董店，賣的應該是超過百年以上的歷史珍藏，每件價格可能是五位數或以上。香港人都習慣選購名牌，覺得其他人說好就是好，但我認為生活應該有多一點選擇。然而，要懂得選擇，首先要建立自己的價值觀。從懂得欣賞開始，即使沒有名氣、沒有標上昂貴價格、沒有品牌，卻也可以是質感非常好，富有設計感的物品。這種欣賞事物的觸覺，就是我在不同國家的市集小店遊走時所學會的。這是我想透過InBetween去推廣的一個理念。

Q3 InBetween的特色收藏是什麼？

是我在瑞典購入的一座藍色檯燈。我十分喜愛這個燈，所以這個藍色也成為了InBetween的品牌主色，從店面、logo到價格牌，都用上這個藍。

Q4 你希望InBetween在香港的小店文化發展中，扮演什麼樣的角色？

我沒有特別去想這個問題。要是在能力範圍之內可辦到的我都會去試一下。例如早前跟太平山街的其他店主，經過商討在時間和資金許可下，於2016年創造了太平山坊地圖（Tai Ping Commons Map），派發給遊客們，讓來到這裡玩的人，可以了解區內的小店特色。

2017年4月曾跟粵東磁廠合作，製作了一系列的香港建築手繪磁杯，為大家提供多一個融合本地工藝的產品選擇。它是很受訪港遊客歡迎的產品，但因圖案太細緻，對於年老的師傅們來說是製作難度高的產品，未能量產，於是後來不得不停產了。這幾年間也辦過各種市集工作坊，但現在有太多同類型活動了，我不想再辦。早前有想過引入食物販售，讓店裡同時售賣法式巧克力，但仍有變數而未能實行。我通常是這樣比較隨心而作的經營。

Q5 香港的小店都營運不久，兩三年便有關店的危機。你會如何讓InBetween成為一家老店？

店舖都是隨機而行營運至今，要是有一天真的關店或者搬遷了，我也是順勢而行。

Q6 你心中的香港特色食物是什麼？

菠蘿包和奶茶。

地址／上環太平山街6B舖

交通／港鐵上環站A1出口，步行10分鐘可達

海圖咖啡店（Cafe Heato）————
忠於信念的咖啡店

位於香港新界北部、屯門紅橋住宅區中，在一間廟旁的安靜街角，有兩間像台灣小區中的咖啡店，第一家是海圖，第二家是Miss Cafe。兩家都是由店主Amen完成澳洲打工度假後，回港所開設。屯門是一個遠離遊客的純住宅區，附近居民對飲食的要求相對簡單，區內都是經濟實惠及填飽肚子為主的燒臘店及茶餐廳，所以2014年海圖咖啡店的出現，為社區帶來一種小清新風。現時，這個街區已經開了不少不同類型的餐飲店，成了一個週末休閒小區。

創辦人Amen Chen專訪

Q1 為何會開咖啡店？

我其實一直都有開店當老闆的念頭。完成澳洲打工度假後，因為曾於當地咖啡店工作，被其咖啡文化所感動，所以希望藉由開店將咖啡文化，以及追求人生意義的那種熱情，帶回自己成長的屯門社區。

剛從澳洲打工度假回來時，我有一個很強的信念想要傳遞給年輕人，那就是如同我的第一間咖啡店「海圖」之名，為年輕人開拓一幅航海圖，裝備他們去展開人生旅程，做自己想做的事情。我在招聘員工時，是不重學歷背景，反而重視其好學的態度。然後透過我提供給他們的各種培訓：如烘咖啡豆、沖調咖啡，甚至是經商哲學等，讓他們可以展開自己的創業之路。

Q2 你希望咖啡店可以為這個社區帶來什麼改變？

除了將慢活的咖啡文化傳遞給居民，還希望打造一個社區平台，發掘區內的人才，如音樂人、畫了二十年塗鴉的藝術家等，讓他們能一展所長。我也跟不同的機構合作，例如嶺南大學、不同的社區中心和救世軍等，於咖啡店舉辦音樂會及工作坊，讓不同年齡層的人做不同嘗試。最終令大家明白，人生除了學歷跟賺錢滿足基本生活外，還有不同的可能性和意義。

Q3 海圖的特色食物是什麼？

義大利麵，有著屯門的人情味。煮醬汁的技巧，如龍蝦汁是我跟米其林義式餐廳的廚師朋友取經學的，再傳授技巧給員工，完全人手調製不加味精。而義大利麵的煮法，亦跟傳統義式作法不同，口感上會有點硬硬的。為了迎合屯門人的食量跟口味，客人要求醬汁濃味或加麵，只要是事前提出要求，我們都盡量有求必應。

蒜香豬頸肉義大利麵

LIFE咖啡。從客人喝咖啡的方式，可以看出不同人的生活態度。女士們都喜愛先自拍再喝，咖啡的冷熱溫度都混在一起，表面形象先於一切。有些人會用湯匙把所有層次都混在一起，便是味道混雜的人生哲學。有些人會先把上面的焦糖都先喝完，屬於先甜後苦。有些人會一口飲到底，有點像人試我也試的探奇精神。

LIFE 咖啡

Q4 你希望海圖在香港的咖啡文化發展中，扮演什麼角色？

我不屬於「學院派」的人，我希望在主流咖啡沖調認證之外，開展另一種咖啡實驗文化。用自我實驗去找尋新的咖啡沖調方法及口味。

Q5 香港的咖啡店都營運不久，兩三年便有關店的危機。你會如何讓海圖成為一家老店？

買店舖一定是最佳出路。海圖跟旁邊姊妹店Miss coffee的舖位都是有心人低價出租，只要不蝕本，我都會一直堅持下去。最近我也開始到其他地方如台灣、越南等地取經，探索海外分店拓展的可能性。我希望可以讓員工有機會走出去，再將學成的經驗在香港店傳播出去。

Q6 你心中的香港特色食物是什麼？

大牌檔、街邊火鍋、碗仔翅，還有雞蛋仔。

地址／新界屯門洪橋青柏徑6號鹿苑16號舖
交通／ 1.西鐵屯門站轉乘輕鐵507型至澤豐站，步行7分鐘可達
　　　 2.西鐵兆康站轉乘輕鐵至新墟站，步行3-5分鐘可達

La Station ———

法式旅人咖啡文化

位於灣仔的La Station，是由香港法式甜點品牌Paul Lafayet的兩位公子Merwann、Christophe跟年輕主廚好友Matthieu於2015年創立。出身於甜點世家的兩兄弟，在幫忙父親打理甜點生意之餘，一直想創立一個非高檔的咖啡店品牌，將法式咖啡文化帶給普羅大眾。作為法國人，他們希望將法國的駐社區咖啡店文化帶到香港。

創辦人Christophe專訪

Q1 為何會選用地鐵站作咖啡店的主題？

法國人跟澳洲人、義大利人一樣，一天會喝很多咖啡：上班前、登機前、乘車前、下午等等時間，都會來上一杯。法國的咖啡文化跟旅人和移動有密切關係。當中又以地鐵站最為浪漫，於是選了巴黎地鐵站城島（Cite）的掛燈為藍本作主題，店名用上法文「La Station」。

主題早已在我心中多年，而內部裝潢，則是跟室內設計師討論時，再加入其他細節。紅磚及店內左邊掛上鐵軌都是取材自香港地鐵，右邊的黑色餐牌則是仿機場內的航班顯示牌。

Venom Latte

Croque Monsieur

Q2 你希望咖啡店可以為這個社區帶來什麼改變？

1. 我希望為區內居民及上班族，於這個商舖經常變換的環境下，提供穩定的咖啡供應。

2. 我會堅持於店內駐有至少一個歐洲人，好讓她/他介紹法式麵包或一些傳統文化給客人。另外，每個月咖啡店都會推出一款新的歐洲食品或飲品，去傳承歐洲的飲食文化。

Q3 La Station 的特色食物是什麼？

火腿起司三文治。這個是法式食法，採用法國常用食材：瑞士的艾曼托起司和奶油，跟麵粉煮成的Bechamel白汁，將三文治封口烘培，讓其看上去像一個三角形口袋狀。是法國咖啡館供應的經典午餐主食。

Cremebrulee Cappuccino

另外是焦糖布丁咖啡，將經典法式甜點融合咖啡中。還有竹炭咖啡，竹炭黑跟椰奶白的對比色，十分適合咖啡拉花。

Q4 你希望La Station在香港的咖啡文化發展中，扮演什麼角色？

我希望La Station可以透過咖啡、麵包和甜點，將歐洲咖啡品味融入香港人的日常生活中。

Q5 香港的咖啡店都營運不久，兩三年便有關店危機。你會如何讓La Station成為一家老店？

我正在讓它成為一個穩定的品牌。灣仔店的租約相對穩固，加上對雇用員工的挑選，他們都跟客人建立朋友般的人情味。香港人跟居港外籍人士各佔客源的一半，有些客人會一星期來六天，有的更遠道從新界來喝咖啡。我深信在未來，我可以用來自香港的法式咖啡品牌這個名義，進駐到中國市場。

Q6 你心中的香港特色食物是什麼？

所有種類的點心，因為全都很好吃。另外還有蛋撻，雖然我個人最愛葡萄牙的葡撻，不過本地的酥皮蛋撻都很棒。最後就是雞蛋仔，它的樣子很有趣，還有脆皮的口感我非常喜歡。

地址／灣仔皇后大道東248號地舖
交通／港鐵灣仔站B2出口，步行約6分鐘可達

灣仔舊郵政局 ————
鬧市中的小古蹟

沿著咖啡店La Station往皇后大道東步行，便會見到一座白色殖民地風格的建築，它是見證灣仔發展的一座重要殖民地風格法定古蹟，舊郵政局。

灣仔是「四環九約」中的「下環」，從1840年代的漁村被英國人著手開發。1903年，舊郵政局原址為「三號警署」。1913年警署搬遷而清拆，政府於原址重建一組紅磚建築，包括現時L形的建築作衛生督察辦事處。1915年3月1日正式改作郵政局，為區內市民服務，當時只有一名文員跟一名收帳員。郵政局運作了77年至1992年關閉，後來搬遷至胡中大廈更大面積單位，而原址則轉為環境資源中心。

舊郵政局建於花崗岩上，外觀漆上白色，屋頂是中式金字瓦頂以雙筒雙瓦方式鋪蓋，配上殖民地風格的咖啡色木製窗門框，現在換上了淡綠色。正門的中式木製牌扁跟對聯是後來加上的，郵政局的門牌是正門左右兩塊大石碑，整個設計是中西合璧的作品。內部辦公大廳仍保留了當年的長柚木櫃，還有一排排的紅色郵箱及一個紅色90年代用的舊郵票機。當年內置職員宿舍跟廚房，從外面看到的右邊屋頂白色菇狀煙囪，就是職員煮食炊煙飄出的位置。

參觀這棟古蹟，便可對英治時代郵務員的工作日常略知一二。

石屋咖啡冰室 ———
圍城石屋內的咖啡冰室

位於九龍城侯王廟新村的石屋咖啡冰室，是「活化歷史建築伙伴計劃」的一部分。石屋於二戰前是民居，戰後大量難民由內地來港，於聯合道一帶搭建寮屋，名為侯王廟村、荔枝園及何家園。1945至1949年間興建的三級歷史建築侯王廟新村31至35號石屋，40年代初以花崗岩建成，是區內寮屋區僅存的5個石屋單位。80年代遷入的「藍恩記山墳墓碑工程」，其門牌被保留，於2015年活化成「石屋家園」。

建築保留了戰時流行的特色：金字瓦頂的屋頂由板瓦和筒瓦砌成，筒瓦內藏瓦片。花崗石牆是去除表層水泥後，為重現花崗岩石紋，以「平凸縫」的方法修飾而成。步入以社會企業形式營運的冰室，可踏上保存原貌的木樓梯及地板感受當時環境。冰室內部採用了香港懷舊冰室裝潢，除了提供港式經典茶點如蛋撻、雞翅等，亦特地加入精品咖啡。

老闆Terry和Fiona希望透過咖啡店，培訓更多年輕人踏上咖啡師之路，並推廣港式茶點搭配精品咖啡。自2015年10月開業至今，成了港人週末造訪去處，有不少家庭帶上老少成員，坐到室外，享受午後陽光。用餐後還可以在明陣花園漫步，好不愜意。花園設計源自天主教的明陣，按1964年九龍城的鳥瞰圖地形設計路線，九曲十三彎的路段內設有3條路線，讓大家漫遊淨心。

石屋咖啡冰室是政府資助的歷史建築活化計劃下，開設的第一家咖啡店，也是一間不被租金所左右，以傳承歷史而生的店家。旁邊還設有文物探知中心，讓訪客了解從前石屋居民的起居生活，並定期舉辦活動和導覽觀賞。

地址／九龍聯合道133號
交通／港鐵樂富港鐵站B出口，步行7分鐘可達

Toolss ——

街角的文具咖啡小店

在香港第一代公共房屋建立的住宅區，一個寧靜的街角，有一間小小的文具店。店內店外提供不少座椅，還有手沖咖啡供應，是一間結合了文具和咖啡館的小店。

店主Kecoj專訪

Q1 為什麼想要開一間用文具作主題的咖啡店？

之前從事媒體工作時，負責生活雜貨的主題。因工作而經常流連咖啡店和大型文具雜貨店，漸漸培養了我對咖啡和文具的熱愛。於是打算從繁忙的傳媒行業退下來時，興起了開一間集合兩者的店。店名的兩個S，是我希望店能夠讓客人感受到一種簡約的風格，一個S代表了Simple，另一個S則是Standard，簡單便足夠。店裡的陳列和設計也都是建基於此概念而生。

Q2 為什麼會選擇開設在石硤尾？

第一個原因是我在兒時至小學，都住在這個區，家人又是在這個社區工作和居住，這裡給我一份特別的親切感。第二是這裡的寧靜，正是我想要開店，遠離大商場的小社區氛圍。當然還有租金的考量。

Q3 你希望Toolss能為這個社區的人帶來什麼？

主要想為社區引入另類小店，又可讓不懂西式咖啡的街坊認識一下。對於文具控，則提供多一個蒐購點，以及讓不同的文具用家，見識不同的精品文具。現在Toolss為街坊和文青提供了一個看書、喝咖啡、帶狗散步的歇腳地。有中年的街坊更為我們的咖啡命名為「手造咖啡」。

Q4 什麼是Toolss的推薦餐點和飲料？

牛肋肉便當。我自己十分喜歡日本九洲，特別是街頭木頭車「屋台」所販賣的便當，所以將之引進店裡，為客人提供簡餐。而冰滴咖啡Cold Brew和紫薯牛奶Sweet Potato都是受客人歡迎的飲料。

文具方面，我會推薦一個台灣手工製作的剪刀品牌ToolstoLIVEBY。其工業風的設計，是少見的剛陽味設計，可作為收藏的佳品。

Q5 你希望Toolss在香港的咖啡文化發展上，擔當什麼角色？

其實很純綷是為了給客人提供正統咖啡，所以我們堅持不提供糖奶。喝美式咖啡當然是黑咖啡，如果要有奶便叫Latte或Cuppoccino等奶咖。這是我希望教育客人，對正統飲法的堅持。

Q6 你如何計劃讓Toolss在香港西式咖啡店的歷史上留下足跡？有信心將其變成一間香港的老字號嗎？

我沒有太大信心，能做下去便繼續做。至少Toolss在各媒體上，算是留下了歷史足跡。

Q7 你認為什麼是香港的特色食物？

雞蛋仔和糖蔥餅。

地址／石硤尾偉智街38號福田大廈
　　　地下2號舖
交通／港鐵石硤尾站A出口，步行
　　　約7分鐘可達

Colour Brown ──

推動精品咖啡和烘焙文化

源自2005年西貢市場街，小店營運了十載。2015年搬到佐敦，至今擴展到兩家咖啡店及3個咖啡機用具專賣店。當精品咖啡仍未在港流行時，Colour Brown便將咖啡原豆引入，是香港自家烘焙的先驅之一。

2009年，咖啡店的運作上了軌道，Edwin與數位咖啡界好友成立「香港咖啡行業協會」，為業內同好舉辦比賽，同時與國際賽事接軌，讓本地咖啡師能贏得加入國際賽的資格，再將國際咖啡文化透過咖啡師帶入香港。跟不同國際賽的評審交流多了，Edwin也被邀請到不同地方當評審，回港再辦不同的活動，跟業界人士交流。

店主Edwin專訪

Q1 為什麼想要開一間咖啡店？

開店這件事是出於偶然。從事電視台幕後製作多年，轉型的想法一直在腦中。剛好在一個雨天經過西貢一間店舖正以廉價招租，便決定開咖啡店，過著慢活的小店生活。Colour Brown店名中的Brown，字指棕色，廣東話音意同中式，我是希望店能做到中西合壁，讓西貢的本地及外籍居民都可以接受。當時剛巧低價收購了一扇百多年歷史的中式古董門，裝在店門，吸引了遊客前來，此為店名的起源。另一原因是開源，便想了一些中西合壁的食物，用了出前一丁配上西式起司腸，甚至是咸豬手一丁來創作菜色。加上自己愛喝咖啡，開店後便利用店裡的空間來鑽研烘豆，引入小型烘豆機，讓豆香引來更多遊客，不買咖啡也沒關係，多了一個交流的機會已不錯。

Q2 為什麼會選擇由西貢搬到佐敦，還有各分店選址的考慮？

西貢店因為業主易手加租，我便做到第十年租約到期，作為西貢區的一個圓滿段落結束。將店搬到佐敦現址，是喜歡那裡街巷的寧靜。剛好同一條街上有兩個店舖可租，樓底高，正合適擺放烘豆機，以及把咖啡器材專賣店分割出來，空間擴大，讓店多了其他可能性，例如辦畫展、種咖啡樹等。

Q3 隨著分店擴展，你希望Colour Brown能為各社區的人帶來什麼？

主要希望可以讓不認識精品咖啡的人，了解什麼是精品咖啡。並為喜歡喝精品咖啡的人，提供一個安靜品咖啡及跟咖啡師交流的地方。為想自已在家沖的人，有一個提供各種器材選購的專門店。搬到佐敦後，雖然少了西貢的舊客，但漸漸也於這個不認識精品咖啡的社區，建立了一個咖啡文化。

Q4 什麼是Colour Brown的推薦飲料？

薑汁蜂蜜咖啡。這是源自西貢店時，有客人提出冬天想有潤喉暖胃的咖啡，港西合壁創作而來。蜂蜜是由一家元朗本地的養蜂場供應，薑汁則是每天用大薑鮮製，咖啡是自家烘培，百分百香港製造。加上各層材料分明，還有厚高形如雪糕的奶泡，是客人最愛打卡的餐飲。

奶泡

鮮奶

咖啡

薑汁
蜂蜜

薑汁蜂蜜咖啡

義式咖啡加豆奶鴛鴦：港式飲品變奏，適合對鮮奶敏感的人。

義式咖啡鮮奶紅豆冰：經典港式飲品變奏，使用精選咖啡豆，鮮奶取代淡奶，是港式飲品西式飲法。

黑椒咸豬手出前一丁麵：不用加錢便可享用港人至愛一丁麵，配上西式咸豬手，是港西兩式合璧的食物，有別於一般港式茶餐廳餐點。

義式咖啡
紅豆冰

Q5 你希望Colour Brown未來在香港的咖啡文化發展上，擔當什麼角色？

現在是用公司資源成立了Coffee Power，專門舉辦一些比賽，不知不覺也已經辦了6年。由最初只是找樂子的交流，到現在成了大家期待的活動，連咖啡師世界賽的評審Emma都樂於參與。我想將來可以再推廣一點，除了業界的比賽，多辦一些比賽和活動，給業餘的咖啡愛好者。打造不同的交流平台給不同類型、來自不同國家的咖啡同好。從而讓香港的咖啡文化更廣泛流傳，有利香港咖啡業的發展。

Q6 Colour Brown可說是見證香港咖啡文化發展的一間老字號，你計劃讓Colour Brown在香港西式咖啡店歷史上再寫下什麼？

對我來說，老字號應是無人不識方稱得上為「老字號」。Colour Brown仍未做到人人皆知，我還是希望先做好基本的營運，建立一個固定的團隊。最近跟一個本地豆奶品牌合作，開發和推廣適合素食人士飲用的豆奶咖啡，希望可以讓本地製作和品牌發揚下去，並拓展奶啡的客戶群至素食人士。對於未來，我沒有特別計劃，但會順勢而行，遇上有趣的合作都會試一下。

Q7 你認為什麼是香港的特色食物？

出前一丁、奶茶、餐蛋麵和雞蛋仔。

地址／佐敦官涌街10地下
交通／港鐵佐敦站C2出口，步行約6分鐘可達

Cafe Sausalito ———

美國風吹入平民區

深水埗一向是香港出名的平民區，是不少地道食品、大牌檔的所在地。然而，在布行和皮革店雲集的大南街，2014年卻進註了一間美式咖啡店。之後不同的文青咖啡店和小店，亦相繼在同一條街出現，為居住在這個社區的居民，引入另一種咖啡品味。

店主Michael專訪

Q1 為何會想在深水埗開咖啡店？

在美國讀書時於咖啡店打工，因而開始對咖啡研究感興趣。而深水埗大南街一帶，是本地時裝買家和各國時裝設計師穿梭的地方，我想為這一班人提供休息和點子交流的好地方，所以便在這裡開一家咖啡店。希望咖啡店能成為這些人的聚集地，從而建立一個小社區。

Q2 你希望咖啡店可以為這個社區帶來什麼改變？

平日這裡是繁忙的社區，人們來去匆匆，而且附近提供餐飲的，都是追趕節奏的茶餐廳。我希望透過咖啡店，讓人們可以放慢腳步，享受悠閒的生活節奏，以及建立一個週末社團，多一個閒聊和拓展人脈的地方。所以我會邀請不同的樂團在週末來演奏，平日的晚上亦會辦一些咖啡工作坊。

Q3 Cafe Sausalito的特色食物是什麼？

飲品是Cucumberano，咖啡加上青瓜和蘇打水，讓人喝下一口有清新的感覺。而食品是全日早餐，我們會用不同的時令食材去做出不同的組合，不時為客人帶來新的味道。

Q4 你希望Cafe Sausalito在香港的咖啡文化發展中，扮演什麼角色？

近年藉著引入不同產地的咖啡豆，希望可以將精品咖啡文化帶入深水埗區。對我來說，人還是重點，我比較希望Sausalito成為連繫人與人之間關係的咖啡店，透過咖啡或音樂認識對方。

Q5 香港的咖啡店都營運不久，兩三年便有關店的危機。你會如何讓 Sausalito成為一家老店？

現在我們專注投放資源去為客人蒐羅不同的咖啡豆，也會培訓員工，做好咖啡店的基本和跟上這個行業的發展。

Q6 你心目中的香港特色食物是什麼？

雞蛋仔。

地址／深水埗大南街201號地舖

交通／港鐵深水埗站A2出口，步行約7分鐘可達

美荷樓 ———
香港第一代公共房屋

從咖啡店Toolss一帶由石硤尾步行至深水埗，那一個社區，是香港第一代公共
房屋的起源。美荷樓，便是代表了這一個歷史的遺跡。

1953年12月的一場大火，把石硤尾五萬多人的木屋家園盡毀。政府為了解決住屋問題，於原區興建了香港第一代「H」型的7層徙置大廈，A至H座，H座是現存被活化的美荷樓。

其開放式長廊讓居民可以互相溝通，廚房都設置在屋外。而兩排大廈，即「H」型中間的天井，為居民提供了休憩的公共空間，洗手間和淋浴室則設置於中間。由於室內空間狹小，大家都會把雜物甚至床鋪放到走廊，成為了居所的延伸。大廈只有兩邊盡頭的樓梯作為出入之用，離開大廈需行經別人家門，這種沒有隔閡的設計，孕育了港人的鄰里社區互助關係，也是現代公共房屋遂漸消失的人情味。

石硤尾邨是香港公營房屋的始祖，但於2009年開始拆建，重建新的高樓公營房屋。美荷樓不被列入法定古蹟，但因「活化歷史建築伙伴計劃」，被改建成現今的青年旅舍，各住戶的單位成了遊客的睡房。當中還設有生活館，向參觀者展示從前港人的徙置區生活。地下設有咖啡店，供人細味這座歷史建築內部。如果想重溫港人的50年代住屋情況，不妨入住體驗一下，或者可到生活館參觀。

地址／九龍深水埗石硤尾邨41座
交通／港鐵深水埗站B2出口，步行5分鐘可達

茶樓

貼近香港基層生活文化

一家老少咸宜之選

香港的飲茶文化，本源是廣州的茶樓文化，仍在經營的老字號蓮香和陸羽皆為廣州食肆之名，便可知一二。

20世紀初，香港有酒樓和茶樓兩種形式在經營：前者只做晚宴，後者則專營早市和午市。茶樓還有按規模及檔次再細分為：樓高多層的是「大茶樓」，只有一層的叫「茶居」、「茶室」，為勞苦大眾服務的廉價茶樓則叫「地檔」或「二厘館」。

「二厘館」的名字是來自當時那些裝潢簡單，主要為勞動工人提供茶水糕點的下等茶室，其收費只要「二厘」因而得名（1934年代，一毫銀幣等於七分二厘，而當時平均月薪為10多港元）。那個年代還有俗諺說：「有錢上高樓，無錢地下踎」，意即富人可到上層的高檔茶樓，窮人只能到地面的平價茶居用茶。加上從前工人都愛蹲坐在茶居的木凳上，故地檔又名「地踎館」。

當年的茶樓可說是平民大眾、一家大小相聚交流的好地方，而服務員們能跟茶客無所不談，因此也有一稱為「茶博士」。還有點心大姐等，跟茶客們都建立了密切的關係。時至今日，茶樓發展得更完善，環境舒適清潔，點心也愈來愈有創意。但不論是什麼樣的規模，茶樓依舊是港人老少咸宜的用餐之選。

茶樓加水揭蓋

香港人到茶樓飲茶有一個小習慣，當茶壺的茶飲盡，茶客欲向服務員示意加熱水，一般會將茶壺蓋揭開，置於壺面上。看到這樣的情景，服務員便會自動拿著熱水壺前來加水。

這個習慣的起源，並無典籍記載。但有一個流行的說法是源自廣州的飲茶文化；滿人當道的年代，八旗弟子橫行霸道，當時他們仿效印度人以鵪鶉為寵物，帶上茶樓便讓其於桌上行走。一次旗人將鵪鶉放於空茶壺內，並蓋上蓋子。服務員不知壺內有鳥，開蓋添熱水，便把鳥兒燙死了，旗人趁機索取賠償。因此，茶樓為防類似事件再發生，便要茶客打開蓋，才會加熱水。

這習慣一代傳一代，便沿用至今。大家應該從沒想到，這原委竟是茶樓為保自身利益而來。

桌上大盤子的用途

香港人上茶樓有洗餐具的習慣，因此，茶樓會在桌上放一個大盤子。它不是用來放進餐時的廚餘，而是供食客把洗過餐具的水或茶倒進去，上菜前服務員便會將盤子收起。

各種洗餐具的方法

❶ 將茶/水倒進自己的碗中，把所有杯子、筷子和湯匙放進去清洗。

❷ 集合全桌的餐具，按分類清洗。

❸ 最後把清洗後的水倒進盤中。

蓮香樓/蓮香居 ————
點心車穿梭的懷舊茶樓

不少香港的老字號茶樓，都隨著時代變遷而關閉。蓮香是其中一間
歷史悠久，又保存了當年一些習慣跟舊物的茶樓，讓我們一窺茶樓
文化始源。

「蓮香」這個字號，可追溯於1889年廣州開業的「糕酥館」。它以蓮蓉作餡餅起家，後於1900年初轉型為賣糕點、月餅為主的茶樓。「蓮香樓」之名，是由翰林學士陳如岳所提，這提字甚至還用於1918年開幕的香港分店。

香港蓮香樓原本位於威靈頓街117-121號的一座三層高戰前樓宇，各樓層也劃分出不同的收費跟營業功能。當年沒有電梯的年代，地下賣糕餅，茶客偏愛二樓雅座，所以收費最貴，客源多是談生意的商人。三樓、四樓因為要爬樓梯，所以較便宜；三樓通常為茶客聚集下棋，四樓則是用來打雀（打麻將）。從前茶樓都會放置雀桿，供茶客把雀籠掛到窗邊，有茶客更用絲布作防風布保護鳥兒，上茶樓時除了可聽見點心大姐的叫賣聲，還有鳥鳴四處。

1996年蓮香樓遷至現址160-164號，只有一層空間，重開晚市但再沒有歌伶獻唱。（30年代有聲電影未興盛時，到茶樓晚市聽名伶演唱很受歡迎，蓮香更自行印製歌單派發給客人。）2009年，第三代傳人在上環開了分店「蓮香居」，兩家店都承襲了老舊的裝潢跟傳統。

精選茶葉

第二代掌舵人顏同珍十分注重茶葉品質，故蓮香標榜「水滾茶靚」這宗旨。他親自挑選幼嫩茶葉，雲南普洱、四川壽眉、白牡丹等，運送來港後再經由人工「混雜」，把不同採摘季節、產地的茶葉，配搭成色香味俱全又耐泡的名茶，再囤積於貨倉，放個十年八年不惜成本，只為了提供客人好茶，保持蓮香的名聲。

❶ 雙層木桌

現時的木桌都是50年代的產物。從前下層用來放唐餅，茶客可當點心拿來吃，用餐完畢再結算買單，上層則放茶水點心用。

❷ 手推點心車

從前上茶樓都要「搶點心」，現在要體驗大姐們手推點心車的叫賣聲，還有跟茶客爭相搶奪新鮮出爐點心的經典時刻，只能到蓮香才能體會。

❸ 手寫餐牌

茶樓內掛著的紅底白字手寫餐牌，是蓮香多年來的習慣。

❹ 中式字畫

店內牆上掛滿店主精選的中式字畫，
還配上古董雀籠，充滿了懷舊氣氛。
這個時代已沒有人帶雀上茶樓，我
們只能逗著蓮香自己養的雀，感受
昔日情懷。

❺ 滾水壺

50年代流行於各茶樓的水壺是銅製的，後來銅製茶
壺工匠都退休了，現在蓮香的滾水壺是特別找人訂
製的不銹鋼鴨嘴壺。因壺大如人頭，當年又被冠上
「死人頭」之名。它被放置於木桌之間的電爐上，
好讓「茶博士」隨手可取用滾水，為茶客添茶，保
持桌上的茶一直是「水滾茶靚」狀態。

❻ 茶盅

用茶盅泡茶，最能品嚐到茶葉的濃郁香氣。現在只
有老顧客懂得使用。

用茶盅泡茶需要特別技巧，一手拿穩茶盅，食指按
緊盅蓋，再快速往茶杯倒下茶水。盅蓋不可開得太
大或太小，半公分最佳，動作要一氣呵成，才能一
滴不漏。因此，「茶博士」也都不讓遊客使用，擔
心新手會燙傷，轉而向茶樓投訴。

169

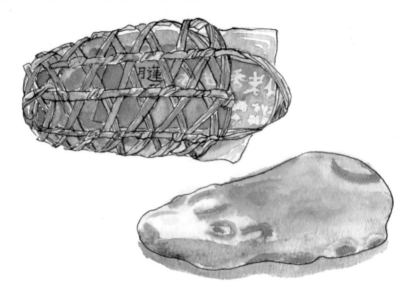

有些特別的懷舊點心，在蓮香也可以吃得到。包括取自蓮香蓮蓉月餅的點心蓮蓉包（選用最優質上等的湘蓮，直接從中國湖南訂貨運來香港。全部採用手工製作，先用不銹鋼針逐一去掉蓮子芯，將蓮子煮軟再壓成蓮蓉餡料）；雞球大包（大包中釀有叉燒、冬菇、蝦粒，用料豐富）；豬膶燒賣、古法馬拉糕等，於特別節日如中秋節除了月餅之外，還可買到懷舊豬籠餅。

2018年12月，蓮香樓租約期滿後不再續租，營業至2019年2月結束。再由在蓮香樓工作了50年的點心部老大黃錦成，跟樓面經理及貨倉部主管和一名圈外友人合組公司，以特許經營模式繼續經營，易名為「蓮香茶室」。不過，於2019年3月1日開幕的茶室不做晚市，專賣點心及靚茶，讓舊員工和熟客可以傳承蓮香樓的傳統茶居風格。而原先的舊東家顏氏家族，則營運蓮香老餅家，繼續為蓮香茶室供應蓮蓉餡等食材。

蓮香居
地址：上環德輔道西46-50號2-3樓
交通：港鐵西營盤站A2出口，步行約4分鐘可達

蓮香茶室（前身為蓮香樓）
地址：中環威靈頓街160-164號
交通：港鐵上環站E1出口，步行約5分鐘可達

多用途筷子套

茶樓的筷子套用法多樣，多半被拿來當作筷子托使用。也有一些小朋友們會拿來做成熱鬧氣氛的道具，形成茶樓文化的另一種趣味。

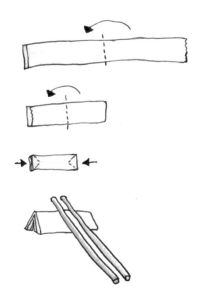

摺筷子托

從前的茶樓都沒有提供筷子托，於是食客便會把筷子套摺成筷子托使用。摺筷子托的方法很簡單，先把筷子套對摺數次，再把左右兩端往內摺，呈三角型，筷子托便成形，站立起來

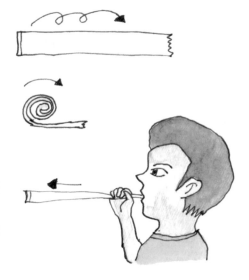

派對吹棒

這是最受小朋友歡迎的玩意。只需把筷子套從封了口那端捲向開口那端，放進口中一吹，筷子套便會脹起，就像派對道具吹吹捲。

星星

有人會用這個紙條來摺紙星星，較受女生歡迎。

飛鏢

也有男生會用筷子套摺飛鏢來玩。

點心車種類

香港開埠初期

點心皆由點心大叔或阿姨肩上揹著肩帶繫著鐵盤,扛著點心,在茶樓內叫賣。那些盤子實在不輕,故當年請人扛盤賣點心是件難事。而點心盤的外型,因為像是手捧禮品向長輩賀壽,故又叫賀壽盤。

60年代末

有人將西式手推車概念引入茶樓，造就了第一代點心車出現。據業內師傅回憶敘述，瓊華酒樓及國際大酒樓應該是第一代採用點心車的酒樓。

生滾粥車

但因為沒有火爐設備，點心一下子便會涼掉，於是後來改良版加入石油氣爐，讓點心可以保持新鮮熱騰騰。

點心車

70、80年代

酒樓最興盛的時候，專製點心車的義昌隆，便接到大量訂製的訂單。製造一架點心車需時七日，從切鋼片、製成鋼條模型、燒焊到組合約有15個工序，每輛都是量身訂做。鋼材全自歐洲進口，鋼板有8至10毫米厚，才能確保其耐用度。而四個車輪是點心車的靈魂，均是日本製造，直徑150毫米，才會順滑、耐用。因為點心阿姨每天推車好幾個小時，未放點心車身便已有150磅，所以車輪要是不暢順，可苦了推著它的阿姨。

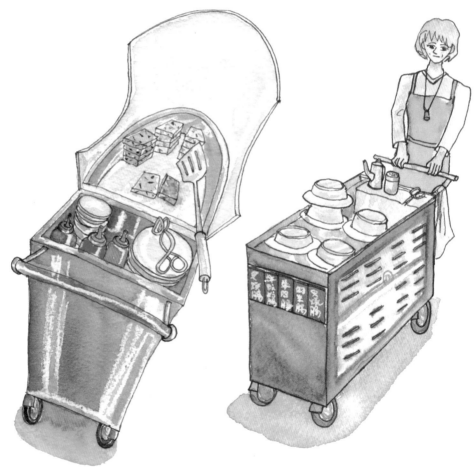

煎蘿蔔糕車　　　　　　　　　　腸粉車

90年代起

茶樓都改為「即叫即蒸」的模式，叫賣的點心
阿姨跟點心車，皆被點心菜單給取代了。從前
讓點心車行駛的走道，也成了茶樓多放幾張桌
子的空間。

甜點車

馬拉糕車

陸羽茶樓 ————

嶺南風格的高檔茶樓

當蓮香樓被歸類為一般服務大眾的「茶居」，陸羽茶室便是富人專屬的「高樓」。

陸羽1933年原於永吉街開業，1976年搬到士丹利街，採用嶺南風格建築，而當年名叫茶室的，走的都是高檔路線。陸羽多年來有不少達官貴人光顧，至今除了老顧客，也吸引不少遊客造訪。

除了室外的精緻裝潢，室內的家具和佈置，都是吸引上流人士光顧的原因。家具木料多是花梨酸枝，牆上掛滿各式中式字畫、山水畫和對聯，加上身穿唐裝、手持銅製扁嘴大水煲的茶博士，彷彿凝住了40、50年代的花樣年華。

茶室內富品味的藏品，都是源自老闆的個人嗜好，字畫均出自大師級手筆：張大千、黃君璧和黃永玉的作品等等。「陸羽茶室」的鏤空鐵窗，以及貴賓房的「牡丹」、「百合」、「紅棉」和「玉蘭」名牌，更是出自書法家駱曉山撰寫的篆書。另有不少陳列，則是常來品茗的名家相贈作品。

除了懷舊的裝潢，陸羽仍保留了點心菜單上的星期美點。為了吸引食客，點心師傅融合了西餅作法，於週六日增加點心選擇，而創出「星期美點」。有說20世紀初，廣州「陸羽居」的師傅每星期換一次點心，令其他茶樓仿效，這風氣亦傳到香港。現今陸羽茶室點心菜單上的點心選擇，依舊一星期換一次。

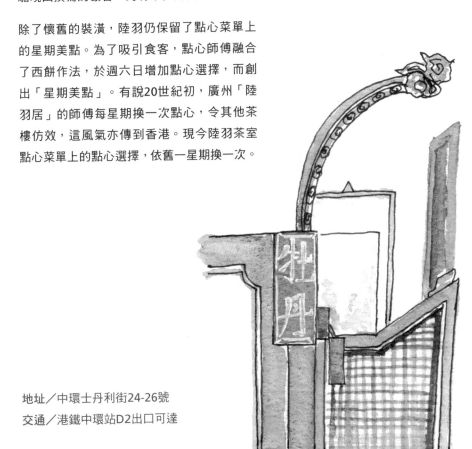

地址／中環士丹利街24-26號
交通／港鐵中環站D2出口可達

古法馬拉糕

現時茶樓供應的馬拉糕，不盡是古法製造的。那些放在小蛋糕杯裡，鮮黃色的小蛋糕，又或是加上了奶黃呈長方形、名叫馬拉盞的，都是改良版本。

傳統的馬拉糕是用一個直徑半米的大蒸籠，一大片的蒸熟，再由師傅用大刀切割成小塊，讓點心阿姨推出叫賣。我跟不少人一樣，特別鍾情於「糕邊」。有點心老師傅解釋，古法製作的馬拉糕跟現代的質感不同，是早年受制於發酵技術及爐具所致。古法馬拉糕的作法，是將牛油、雞蛋、麵粉、豬油跟酵母混合，再發酵三日，才放到蒸籠去蒸熟，那黃褐色便是經由發酵而成。加上從前爐具的火力不均，火力會集中在旁邊位置，在蒸熟的過程中，中間會有氣泡從中間往外跑，令中間部分氣孔較多，密度不及邊緣，因此糕邊口感較鬆軟，中間位置則較粗糙。

古法馬拉糕

糕邊切

現今爐具改善，不過還是有不少人改不了對糕邊的喜愛。食客偏愛糕邊的另一個原因，可說是拜點心大姐的推銷術所致。她們會跟客人說：「糕邊較美味，讓我留一塊給你！」讓客人吃起來更開心，從而跟熟客建立親切的關係。

近年懷舊風流行，不少茶樓都重新推出古法馬拉糕，吸引食客上門。但上桌的馬拉糕可能是放於蒸籠、已經切好的一塊，或者是一整片放於25厘米蒸籠的原片馬拉糕。不論是哪一種上桌方式，只要有古法馬拉糕這個選擇，喜歡吃不甜不膩又飽肚糕點的食客，都必會立即點選。而我也難逃這種甜點的魔力，每有必點。這個小小的糕，除了是茶樓點心之一，在70、80年代，更是不少香港人的早餐之選。街上不少小吃店，都會於早晨供應腸粉、馬拉糕等給上班族和學生作為早餐。

馬拉糕的起源，有說是傳自廣東飲茶文化，又有說是馬來西亞人參考英國人的海綿蛋糕，加以改良傳入香港。另有師傅表示，馬拉糕於70年代已在香港出現，行內也都比較認同後者的說法。無論哪個說法較準確，古法馬拉糕已經成為香港茶樓文化的代表，地位可媲美新加坡的班蘭蛋糕。糕點的口感於剛出爐時最佳，故建議大家即點即食，品嚐最新鮮的美味。

馬拉盞

小籠版古法蒸馬拉糕

鏞記酒家 ────
炭烤飛天燒鵝始祖

鏞記可說是由香港大牌檔轉型成酒家的一個最佳例子。

創辦人甘穗輝原本為不同飯店酒家打工，學得一門燒味手藝而稱譽中環。
1936年白手起家開大牌檔，專賣燒味及粥粉麵飯，價錢實惠而大受歡迎。
1942年日治時期，甘先生將檔攤搬到地舖，生意依然興隆，每天親自燒
製的燒鵝，戰時日賣十多隻，後期更增至日賣六十多隻。戰後1964年購
入現址威靈頓街四個相連舖位，之後再翻新，1978年跟著鏞記大廈竣工，
營運至今。鏞記除了服務過不少中外名人，它在香港歷史跟飲食文化的發
展上，亦有著舉足輕重的地位。

飛天燒鵝的始祖

以燒味起家的鏞記，自搬入舖後，甘老先生將炭烤爐置於酒家的廚房內，使客人可以每天享用其親自手烤的明爐燒味，亦是第一家香港有此設備的酒家。1968年，鏞記被《財富》雜誌列入世界十五大餐廳之一，令其燒鵝更使外國遊客甚至海外華人趨之若鶩，尤其是台灣、菲律賓、泰國及印尼華僑，更是鍾情。還有不少本地和國際名人光顧：如林語堂、張大千和鄧麗君等。已故的菲律賓前總統馬可斯，每逢有喜慶都會訂購燒鵝。鏞記的包裝穩妥，由菲律賓大使運送到機場，至目的地都仍保持品質完好。

早在50年代，已有遊客訂購燒鵝作伴手禮帶上飛機回國，有傳甚至有人委託空服員朋友寄存機上保溫櫃送到外國，讓鵝皮在下機後仍可保持香脆甚至溫熱。而這也是鏞記燒鵝被冠上「飛天燒鵝」之名的因由。

飛機燒鵝包裝步驟

❶ 把原隻剛燒好的脆皮燒鵝放在紙上。

❷ 再用紙小心把燒鵝包好，必需無縫，肉汁才得保存。

❸ 包好後套上膠袋再放入特製紙盒內。

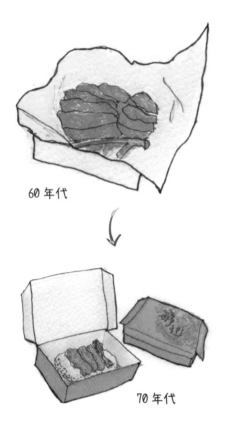

60 年代

紙飯盒創始人

因為甘老闆旨在為客人提供價錢實惠，又真材實料的食品，因此自牌檔時代到入舖，都讓鏞記成為中環上班族的午餐之選。初期鏞記提供外賣服務，用托盤跟餐具碗筷一起送去給顧客，之後再派人收回。然而餐具又重又容易打破，有時更會遇上不給小費的客人，使得伙記都不願再外送。

1964年甘老闆到日本旅遊，看到運動會觀眾攜帶的薄木飯盒「便當」，便將這概念引入到鏞記中式飯盒，改用成本較低的紙盒，成為提供中式飯盒的第一家酒家，並將其外賣餐盒推到各中環白領。當年政府總部仍未搬離中環，鏞記飯盒正好解決了不少政府官員的午餐難題，因此鏞記更有「政府飯堂」的稱號。

70 年代

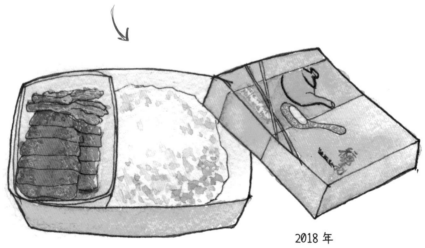

2018 年

食物升降機

自60年代，首部電動食物升降梯誕生後，為不少大型酒樓及餐廳，解決人力運輸的不便。鏞記於1978年擴充後，成為了一間五個舖位相連、樓高四層的大型酒家，購入5組傳菜用的食物升降機，以應付龐大的食物流量。燒味部設置於吸引食客的地下，出品部設置於三樓，四樓和五樓則是貴賓廳。因此，食物升降機成為傳菜兼保持食物鮮味溫度的重要角色。燒好的燒鵝會送到燒味部掛一會兒，便由師傅剁切盛盤。現時日燒300隻燒鵝，品質較好的會留給供應四樓貴賓廳的客人。

雖然鏞記因登上了國際雜誌，成為名人飯堂，但對於創始人甘老先生來說，不論你只點一碗燒鵝麵，或是包一桌中菜，鏞記都會用最好品質的食材去填滿食客的胃。大家可以按照自己的預算，去點選適合自己的菜色。鏞記的第二代接班人，亦以「港人飯堂」為目標，將鏞記的中菜文化傳承到年輕一代的食客，更加入各種創意菜色隨香港一路同行。

鏞記商標由林語堂在 79 歲時為鏞記提字「鏞記酒家天下第一」（仍掛在三樓），並成為現在正門的新商標。

地址／中環威靈頓街32-40號
交通／港鐵中環站D2出口，步行約4分鐘可達

鳳城酒家 ————

街坊早茶、特色灌湯餃

1954年開業，鳳城是一間傳承了順德菜師徒手藝的酒家。始於名廚馮滿及一些師傅合資開的銅鑼灣店（88年關閉），1978年於北角開店。現任老闆譚國景由1954年開業，便在廚房學做點心，60年代中途短暫離開到日本工作，1978年回流香港，協助打理鳳城北角總店。鳳城於旺角太子開設分店，讓譚國景全權主理，傳承師父手藝，兩店由他經營至今。經過多年，街坊食客仍可在此嚐到當年一絲不苟的廚藝。點心師傅凌晨4點開始備料，燒賣肉餡仍堅持手工刀切，才能達到爽彈有肉味。

北角鳳城因供應傳統灌湯餃而出名。餃皮包著熱湯在裡頭，一口咬下可以品嚐到燙口但鮮甜的湯汁。灌湯餃整個程序得花上好幾小時。從預備餡料開始，先用豬皮、火腿、雞、湯骨瘦肉煲兩個小時，濾渣之後再加入大菜燉兩小時，然後放隔夜待湯凝固。之後將凝固的湯攪碎，放入餡料中拌勻，湯跟肉是1：1的份量，皮要厚薄勻稱地包，才可放入蒸爐，而且蒸不得太久，不然餃皮會破。由此可見，想吃到一籠傳統灌湯餃多麼得來不易。而酒家黃經理建議旅客先到太子店試試湯浸餃，再去北角品嚐傳統的。傳統餃有固定供應數量，一般早茶到午市時間都可以吃到。

晚市供應自開幕以來便有的窩貼大明蝦（蝦多士）、生煎包及炒鮮奶。還有鳳城4大名菜：炸子雞、魚雲羹、鹵水生腸、鳳吞翅（即把翅鑲入雞內）。這些都是吸引食客移民海外後，還會專程回來尋味的人氣菜色。

在鳳城，還可以體會到傳統老店的人情味。這裡週日都會見到一家老少或是街坊鄰里前來用餐，不少員工都見證了老食客一家三代情感傳承的溫馨畫面，仿佛就像是鳳城一樣，將傳統的味道傳承下去。

北角鳳城灌湯餃

太子店
地址：太子彌敦道749號歐亞銀行大廈1-2樓
交通：港鐵太子站C1出口，步行約1分鐘可達
北角店
地址：北角渣華道62-68號高發大廈地下及1樓
交通：港鐵北角站A1出口，步行約4分鐘可達

灌湯餃

雞大包

酒樓喜宴的龍與鳳

香港人自70年代起，經濟轉向富裕，於傳統港式酒樓設生日壽筵、婚宴擺酒、孩子滿月宴成為了一種潮流。這一切都在酒樓的龍鳳大禮堂中發生，當時的宴會，賓客都要跟新人或主人在一對龍與鳳前合影，才算得上圓滿。

我小時候參加過親友的婚宴，也拍過一張這樣的合照。鮮紅色的絲絨背景，中間放著兩位新人的姓氏，如「陳李聯婚」，左右兩邊便是一對龍與鳳。龍代表新郎，龍眼用上紅色燈；鳳代表新娘，鳳眼則用上綠色燈。80年代的傳統龍鳳以柚木雕成，全是手工製作，工序由組裝、雕刻、上黃油至鋪金箔等，需時最少兩個月。

現在老字號酒樓相繼歇業，或者轉型西式裝潢，仍保留龍鳳廳的酒樓已經不多了。受街坊歡迎的本地酒家鳳城酒家還保留著兩對大龍鳳，一對是一樓的長身龍鳳，是老闆譚國景於80年代旺角店開張前訂購的普通款。當時譚老闆因為尊重手雕工藝，工匠因譚先生沒有議價，於是免費多打造一對飛龍飛鳳，贈予鳳城賀其旺角店開幕。以至於鳳城有兩款不同的龍鳳，前者設置一樓，後者設置二樓，一放便是30多年。

雖然現時不少人都轉去酒店辦婚宴，但仍有懷舊的新人會選在酒店婚宴之外，再於鳳城辦幾桌酒席，為的即是跟一對大龍鳳合照。現在大龍鳳隔3、4年便會送去保養，重鋪金箔。曾有不少電影人想要租借龍鳳或包場拍攝，都被譚先生給婉拒，因為譚先生只想專心為食客服務，堅守鳳城的飲食傳統。

至於另一家有龍鳳的則是老字號鏞記，而且比一般酒樓的更講究。甘老闆請來北京專造寺院木雕的師傅，全於現場雕製。此龍鳳設計於70年代，為前一對瑞雲繞龍柱、後一雙飛鳳的創新概念。鋪上金箔的背景牆身，內藏多個圖案，由兩名師傅花一年時間才完成。鏞記酒樓裡的龍鳳，都含有「福祿壽喜」四個含意。

龍鳳圖騰意義

- 牡丹花：大富大貴
- 鴛鴦戲水：為婚宴而設
- 松樹：長壽之意
- 蓮蓬：年生貴子

甘老先生希望禮堂能應付喜宴、滿月酒、壽宴及公司春酒飯宴等功能，
故兩鳳之間的「囍」字圓板，一轉後面是「壽」字，方便按需求來轉換，
在當時的70年代，可說是一個創新的設計。它亦接待過不同名人政要
如前總督彭定康、泰國皇室成員和德國前總理科爾等。

現在要親眼目睹酒店龍與鳳的場景，可得要搜尋一下哪些老字號酒家
才有了。趕在時代更替前，來跟大龍鳳合照一張吧。

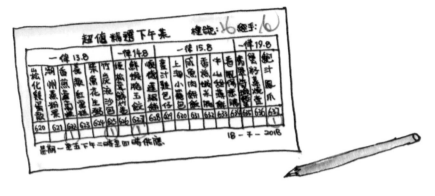

不同年代點心紙比較

到茶樓吃點心是港人習慣，而不同年代亦有其計算結帳的方法。

70、80年代初期，茶樓是按桌上點心竹籠的數目計算。一般來說竹籠愈大價格愈高，如果跟茶樓職員相熟，有些人便會偷偷收走清空了的點心籠。有一說從前食客甚至會坐近海邊，把竹籠丟到海中或者收到桌下逃帳。

之後有了點心卡的發明，點心阿姨會在放下點心時，向食客拿取其點心卡，再依照大、中、小點去蓋印（當中以特點和頂點最貴），最後以蓋印的數目來結帳。不過仍有食客會夥同熟識的點心阿姨投機一番，有送上點心，但無實質動作蓋印章於卡上。

延續到了現在，沒有了點心車，食客轉而在放於桌上的點心紙下單點餐，用餐後再根據電腦系統計算收費。食客不能逃帳，反倒要檢查上桌的點心數目是否跟帳單相同，以免因遺漏而被多收費用。

痰罐的作用

從前港人的衛生習慣不像現在進步，加上人們普遍喜歡食鴉片而痰多，舊式茶樓一般會在每張桌底下，放置銅製或是瓷製的痰罐，其用途甚廣。

1）供食客吐痰

2）供食客倒洗杯、洗碗水

3）供食客彈煙蒂

4）供食客倒掉涼掉的茶

隨著港人的公民意識加強，痰罐已在食肆茶樓絕跡，只有某些老字號仍會保留作為懷舊之用。

蛇店

食蛇補身

養生除病的特別食療

香港的廣東話有句俗諺:「秋風起,三蛇肥。」而食蛇進補,是自古代開始,有傳遠在秦漢時期這習慣便由廣東人傳至香港,每逢秋冬大家都會食蛇補身,跟台灣人夏天食蛇的習慣相反。漸漸地,成了香港人其中一種滋補養生的飲食文化。從營養的角度來看,蛇肉含有豐富的蛋白質及胺基酸,營養價值甚高;從中醫角度來說,則可行氣活血、暖身、驅風濕和化痰。我之前曾經感冒久久未癒,朋友便建議我食蛇來幫助除菌養身,由此可見,這已算是民間相當常見的進補食療方式。

而正宗五蛇羹包含以下5種蛇:過樹榕、飯剷頭、金腳帶、三索線及白花蛇。每種蛇各具不同的味道及食療功用。

過樹榕:肉質幼滑,具明目及驅頭風作用。

飯剷頭:肉較細碎,用作熬湯為主,可補中氣及去痰。

金腳帶:略帶腥味,可去風濕及補腳。

三索線:肉略帶韌,可補腰及腎。

白花蛇:肉略韌,可解毒、清肝及去頭風。

蛇舖料理做法各有其自家秘方,例如放入川芎、當歸以增行氣活血功效;加上蛇肉具通經絡及促進血液循環的作用,故讓食蛇暖身成了一個民間常見食補方式。

香港於50年代食蛇風氣最盛,蛇舖主要營業項目為將蛇肉批發給各工會酒樓烹煮蛇宴,賣剩的蛇肉則用來煮蛇湯。至60年代,有見酒樓工會的蛇羹大受歡迎,蛇舖也開始販賣蛇羹來賺錢。到70年代一班新興的蛇王興起,更販賣糯米飯以增盈利,於是蛇羹配糯米飯的套餐,便成為至今港人食蛇的習慣。

蛇王協 ———

蛇羹之外的創意

「蛇王協」在1965年由老闆周祥於深水埗開業，是見證蛇業和深水埗發展的一間老字號。

周老闆50年代來港，最初在鴨寮街一帶做野味小販生意，賣穿山甲、果子狸。後來有見賣蛇的生意不錯，便在南昌街創辦了蛇王協，售賣蛇羹和野味。直到政府管制野味生意，而轉型專攻蛇羹，生意漸旺。之後無奈被業主逼遷，好不容易借錢於鴨寮街再買舖營運，成了今日蛇王協的面貌。

70年初未有港鐵建設，人潮不多導致經營不易。周先生的女兒周嘉玲，每星期跟父親去西環碼頭買蛇，還會順道在街頭表演宰蛇、賣蛇膽。每天賣完蛇羹後，還到港九新界各大酒樓接洽，爭取蛇肉訂單。後來，更兼任酒樓蛇宴的賣藝人，成了身兼數職的女蛇王，見證了香港蛇業興旺及當年男權主導的年代。

蛇王協之名，取於「協」字中3個力，即一家人同心協力的意思。90年周祥去逝，養大了七個子女的店，便由女兒阿玲和幾個兄弟接棒。店內仍保持開張時原貌，天花板的風扇、牆上的瓷磚、蛇酒上的貼紙，還有周老闆找人訂做、用來存放各種活蛇的蛇櫃，仍保舊貌，未因人事和時光而改變。售賣的依舊是當年的大力湯、燉鱷魚、蛇羹、蛇龜湯等品項。90年金融風暴後，為了提振生意，玲姐找了人來利用蛇皮做成手提袋、皮帶、皮包等於店內售賣，除了蛇羹、補身燉品、蛇酒之外，更加入由弟弟烹調製成的蛇腩煲、生炒糯米飯等。

店內的蛇櫃，用來存放各種活蛇。從前蛇羹都採用活蛇來烹製，現在因成本關係，為了維持在幾十元的售價，而採用東南亞進口的冰鮮蛇肉。蛇王協的蛇羹，湯底由6種蛇、共30斤蛇骨熬製，由每晚9點至翌日凌晨3點，煮上6小時，再把8斤蛇肉撕成幼絲，加上冬菇、木耳、薑絲、金華火腿等切絲，加入蛇湯及調味煮成一煲蛇羹。另外，玲姐引進了印尼加里曼丹島的野生海蛇，

地址／深水埗鴨寮街170號地下
交通／港鐵深水埗站A2出口,步行約1分鐘可達

拆絲後外觀如同雞絲,肉質較滑,是另一祕製食材。一般食客多在鋪得滿滿的碗上加上檸檬草及薄脆品嚐,加上店內供應的白色蟹爪菊,更有助於提升蛇羹的清香。不過近年菊花多含農藥,店裡也已經停止提供。

來深水埗遊玩,逛完電腦商場,可到蛇王協店中一嚐香港的另類補身食品。如果是一行數人,更可預訂蛇宴,試嚐一下當年風靡港人的蛇肉盛宴。

蛇王業 ————

五十年歷史蛇肉批發

另一家位於深水埗的老字號，由張華業於1958年在西環一處雞鴨欄開舖賣蛇，至1965年搬到深水埗營運至今，養活了張家一家三代。張老闆原本在廣州做活蛇批發，50年代內地政局不穩，便帶著蛇王業招牌，跑到香港來經營謀生。

60、70年代是港人食蛇的高峰期，食客非富即貴，蛇宴地位排名比大閘蟹和燕窩還優越。當年恒生總行博愛堂便是蛇王業的客戶，每年重陽之後，恒生銀行經理都會分批宴請銀行大客戶，到總行頂樓博愛堂享用太史五蛇宴，前來的貴賓都是達官貴人和金融才俊，當時企業精英碰面的問候語都是：「你食蛇了沒有？」由此可見食蛇風氣之盛。

第二代掌舵人交棒給兒子張成。有鑑於當時大部分蛇舖只做秋冬半年生意，到春夏便休息半年，張老闆看到春夏兩季是活蛇進貨旺季，卻關門休舖對此大感浪費，於是在購入活蛇後，取蛇膽賣給大型補藥集團余仁生，藥行還派人現場監督整個取蛇膽過程。師傅們每天手起刀落，殺了上千條蛇，幾個月就取上幾萬個蛇膽。有了大集團的訂單支持，讓蛇王業在蛇羹銷售每況愈下的1999、2000年，仍可用獲利積蓄營運至今，繼續為區內市民供應平民補品蛇羹。

近年食材都轉用東南亞冰鮮進口，第三代傳人張傑生，不用再冒著生命危險去宰殺毒蛇。當年的每一個蛇王，都是賭上生命去捕殺每一條蛇的，張成也差一點因手指被一條帶有劇毒的泰國眼鏡蛇劃傷而死，所幸毒未入血而保命。現在的殺蛇老師傅，要不為了生活，要不就是為了傳承蛇業，才會繼續從事捕殺活蛇的工作，第二代老闆張成則是因為家業使然，因此對於宰殺蛇的技巧特別鑽研：他棄用厚質手套，改用普通手套，再以厚約一公分的棉繩圍繞，如此可保持雙手靈活，又可防止毒蛇咬入。他更親手打造適合自己的剝牙鋼鉗及殺蛇刀片，幾經鑽研，他最快可以三、四秒就殺好一條蛇，讓他成為業內有名的殺蛇好手。

現在蛇王業依然遵照傳統方法烹煮蛇羹。蛇骨、豬骨湯底加上陳皮、老薑，用足材料，現殺現煮，每次熬煮都需時五、六個小時，希望維持真材實料又價格相宜，以推廣吃蛇文化。亦曾試過用蛇肉做的薑汁炸龍鬚等小食，來開拓年輕人市場。蛇沒有肥油、不含膽固醇，蛇膽則有止咳開聲之效，上一輩唱大戲的或者流行歌手如梅艷芳、郭富城等人開演唱會，都會派人前來買蛇膽開聲呢！對張氏父子來說，現在開舖旨不在賺錢，而是為了推廣及傳承食蛇的文化，利用媒體、網路將之傳揚至下一代，甚至是國外。

地址／深水埗南昌街139號地下

交通／港鐵深水埗站A2出口，步行約3分鐘可達

蛇王林 —————
百年老字號

蛇舖的百年老店，可不得不提蛇王林。它曾是全港最大的活蛇供應商，它的故事更是香港蛇舖的歷史之一。創辦人羅大林從1900年開始，便於上環街邊賣蛇，白手起家。主要做代理批發生意，以及販售包括蛇膽、蛇肉、蛇酒及蛇藥等產品。後來開店舖成為賣蛇小店，還四處為商舖代工宰殺蛇，而得「蛇王」稱號。存到資金買下店舖後，便正式掛上「蛇王林」的金漆招牌營業。

60年代蛇王林見證了蛇業的高峰期，當時門市賣蛇膽、蛇肉、蛇藥製品的訂單已應接不暇，還曾一度暫停批發。羅老闆事事親力親為，2003年SARS風暴後生意轉差，仍堅持賣活蛇，2010年為保活蛇貨源，更親自到中國跟蛇商找貨源。

蛇王林亦反映了香港人情味濃的一代。羅老闆除了傳授殺蛇技術，也十分照顧員工。蛇王林得力掌櫃麥大江當年身子虛弱，多虧邊學殺蛇邊喝蛇水，才讓身體健壯。老闆還擔心員工幸福，時常幫困在店裡工作的員工們做媒。至於麥大江，則跟一位來店裡用餐的食客結婚，再為羅老闆管理蛇舖，帶領眾員工，從15歲做到現在退休之齡。從前每逢旺季，老闆更會與員工一起通宵達旦地工作；過年老闆娘會為員工做新衫；到了羅氏第三代，有老員工退休，羅家會連續三年派發退休金，以體恤員工辛勞。現在羅老闆基本上對經營已不過問，經營蛇舖只是讓員工有份工作。要是老員工都退休了，店舖也隨時有可能結束營業。因此，要一睹蛇舖昔日風貌，便得趁早。

蛇王林的蛇羹製作一直沿用60年代的作法。首先，把蛇肉蒸兩小時，撕成小塊加進蛇湯中，再加點薑絲、十三年的陳皮絲和木耳絲，煮成蛇肉肥美、味道清淡甘香的蛇羹。每天新鮮製造，故也限量發售。店內販售的新鮮蛇膽酒，也是另一個補身之選。酒底是用40度的米酒浸足兩年蛇肉，活蛇膽則按蛇的品種而定價，入口順滑且暖胃，冬天特別受人喜愛。

除了蛇羹之外，其他風靡一時的補品及藥酒，都是真材實料的民間配方。香港的活蛇食療文化，也隨著蛇舖的存活而繼續傳承，老字號蛇舖如蛇王林，可說是一間活生生的蛇文化博物館。

地址／上環禧利街13號地下
交通／港鐵上環站A2出口，
　　　步行約2分鐘可達

五蛇酒

以蘄蛇、銀環蛇、眼鏡蛇、烏梢蛇、黃梢蛇為主
要原料，浸泡入純白酒中，有治療風濕的功效。

過山烏蛇酒

用毒蛇過山烏加14款藥材，
浸製3至5年而成。

蛇膽陳皮

陳皮有化痰止咳之效。

蛇膽薑

助驅胃寒。

蛇膽川貝

可每日沖水飲，有助止咳。

三蛇追風藥膏

供外用。

蛇羹材料

蛇種

分為有毒無毒，生拆肉和熟拆肉。

熟拆肉

用於瘦瘦長長，身無長肉的品種，
將之煮熟才容易拆肉。

生拆肉

適用於水律蛇，其肉質較滑，可作
生拆肉，做生蛇絲和生蛇片。

蛇肉屬性軟質

- 加藥材：可滋補。

- 皮膚過敏：可加生地，選材要用白花
  蛇和水蛇等涼血品種，方可清血熱。

- 風濕腰骨痛：要用毒蛇如眼鏡蛇、金
  腳帶和過山烏，方有功效。

配料

五蛇羹的其他配料均要切成幼絲；湯底分有上湯及蛇湯兩款。

上湯以金華火腿、老雞及赤肉*等熬5至6小時，取其鮮甜味；蛇湯由龍眼肉、紅棗、
陳皮、竹蔗、薑及蛇骨熬4小時。

食蛇祕訣

- 先喝一口湯，品嚐原味。

- 按喜好加添各式配料──芫荽、南乳薄脆、菊花及檸檬葉。

- 薄脆能增添口感，檸檬葉能去腥提鮮，白菊可中和蛇羹的溫熱。

糯米飯

薄脆

檸檬草

白菊

蟹爪菊

*各家蛇舖選材有別，亦跟售價有關係

劏蛇四部曲

準備工具

剝蛇牙的鉗子、殺蛇的刀,每一個師傅都有他們自家製的工具。大多都是自己用不鏽鋼打造,以配合個人的手法和習慣。

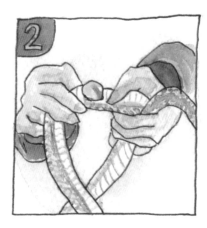

取蛇膽

用左手觸摸蛇身,找到蛇膽位置,右手用刀片切開小口,隨即把蛇膽擠出。

殺蛇

在蛇頸以下橫切一刀,剝下蛇皮,僅花數秒時間。

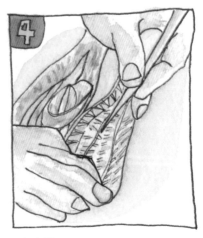

拆蛇骨

把蛇骨和蛇肉折開,動作有如雕刻大師。

涼茶舖

香港涼茶文化

結合醫館與娛樂的空間

涼茶是源自廣東嶺南的中醫藥文化;香港跟廣東氣候潮濕溫熱,故飲用草藥製涼茶以解熱毒。自19世紀以來,香港便有涼茶舖,西醫只限英國人專利,費用更是港人未能負擔。1864年,醫院才開放予華人看診,涼茶便成了大眾的平價醫療。

1950、60年代是涼茶舖興盛時代,舖內都會安裝電視機、收音機及點唱機等,為顧客提供各種娛樂。在物質匱乏的年代,客人流連於涼茶舖交流和接收資訊,或者來這裡聽歌娛樂;點唱機所播放的歐美流行音樂,除了吸引年輕人聚集和約會,更成為如泰迪羅賓等多位音樂人年輕時代的啟蒙。涼茶舖不僅是提供飲品,更成為一個結合醫療、社交、娛樂的生活空間。

1970年代,不少出埠到南洋開礦的民工,都會自備「廿四味」和其他涼茶,作為他們的打工保健醫療備品。之後西醫開始普及,涼茶舖汰弱留強,有些店舖為傳承祖宗配方、代代相傳的老字號,另外有些則是轉型成保健飲品經營的連鎖企業。

1980年代,經濟起飛,家家戶戶開始購入電視有了娛樂,涼茶舖便回歸賣涼茶的功能,並且兼賣小食如茶葉蛋、甜品,以開拓客源,增加利潤。雖然,西醫的普及和租金調漲使得不少涼茶舖關店,但仍有不少老字號堅持真材實料,繼續用大眾化價錢,為港人提供這種民間食療。

2006年,香港的涼茶被列入國家級非物質文化遺產之一。大家對涼茶的意識,除了視之為日常生活食療,更是一份香港製造的本土文化。目前,香港仍有不少50、60年歷史的涼茶舖還在營業,如清朝從廣州南下開分店的涼茶始祖王老吉,30年代已開業的春和堂單眼佬涼茶*等,仍繼續為港人提供中藥食療。

---

*2018年店舖暫別,待另覓新舖重新開張

永麓竹料真利公

A.H 21 MAR 2017 公利真竹料

公利真料竹蔗水 ———

戰前唐樓中的老店

冷氣還未普及的年代，喝杯清涼涼茶，是最佳消暑方法。而竹蔗水仍是現今港人，夏天的消暑解熱佳品。

香港蔗汁舖的出現，始於英國人引入夏威夷蔗種改良原來本地品種，經新界農民成功培植，成為糖廠主要原料供應。而剩下來的甘蔗便用來榨汁，成了大眾化的便宜飲品。公利店主原為元朗蔗農，發現自製蔗汁多喝能養肺清熱，於是便在1948年開舖賣蔗汁，一代傳一代到了第四代傳人營運至今。

50、60年代，香港市民的經濟條件不佳，喝一杯保健涼茶等同於吃補藥。老闆娘說，曾經還有客人分享當年親戚生活困難，最後竟靠公利的蔗水打敗病魔的經驗。80、90年代時，還有不少吸毒人士專程來喝蔗汁解燥火；租住板間房床位的單身漢，也經常於店內流漣。公利見證了區內街坊的人情變遷。

堅守古訓，真材實料，認真製作

公利的生蔗到貨時，都親自去皮，不假手他人。從前老闆每次刮完蔗皮，都會大汗淋漓。之後再花幾小時蒸煮去除生草味，煮熟的甘蔗會讓榨出來的蔗汁清甜醇厚，不那麼寒涼。之後用店內的古董榨汁機，反覆壓榨四次，方能盡取蔗汁。最後，在煮蔗水時加入茅根、陳皮等其他藥材，便能達到清肺熱、化胃氣和利尿之效。

有見附近酒吧數目日增，針對通宵玩樂夜歸的人，公利也推出了清熱排毒的雞骨草茶。另針對飲食豐富，血糖高、血熱的現代人，熬煮推出了羅漢果、生地、金錢草的飲品。還有老闆娘崔太製作的蔗汁糕，富含水溶纖維，有益腸胃。這些都是公利對香港都市人身體的照顧，因時制宜而推出的食品。

建築存留戰前風貌

這幢四層樓高的100年歷史戰前唐樓，外部有圓筒石柱、長條形扇門、花俏別緻的小露台，內部有著用來上樓的木樓梯。由於區內發展重建，不少同期的唐樓都被拆除，公利則是難得被保存下來的唐樓。至今，內部裝潢佈局都跟開店時一樣：舊時蔗汁店風格，門口是水磨石櫃枱，上面擺放盛滿涼茶蔗汁的杯子，還有碎銀錢幣盤子；高約4.6米的樓底，安裝大吊扇於夏天傳來清涼。牆上的時鐘、《清明上河圖》掛畫，店東傳下來的竹蔗栽培鑑別法告示，還有門外的黎明水彩廣告畫（海報由一位修藝術學生於70年代末所繪，當時黎明仍未當上明星，海報是為了宣傳新推出的龜苓膏而設），以及牆上與地面的龜殼紋地磚，都是值得我們細細玩味的50年代香港風格原貌。

地址／中環荷李活道60號地下
交通／港鐵上環站E2出口，往荷李活道步行15分鐘可達

春回堂 ——
百年老字號藥局

位於中環的春回堂，是集中醫、中藥、涼茶三合一的百年老藥局。創辦人林少泉早於1900年跟妻子推著木頭攤車於街上賣涼茶，1916年進駐店舖，創辦「回春齋」，接著有「回春堂」和「春回堂」分店，以及藥材批發店「昌成利」。80年代後期因人手不足，最後整合成現今的春回堂。

老字號得以經營多年，是後人對傳統的堅持和創新。春回堂堅持對製藥治療的認真，精選生藥材，真材實料且認真加工，讓藥材能去毒、發揮最大功效，每一個煮藥製膏工序都十分嚴謹。賣了多年的廿四味含有24種藥材，第三代傳人林偉正曾向傳媒解釋，他們會跟節氣而增減藥材比例，如夏天會增加水翁花、榕樹鬚份量解暑；新年後的春瘟，易得流感，便會加重青蒿之類的防感藥材。而製作龜苓膏，則用廣西及越南的草龜龜板煲茶，過程需時三小時，師傅會花至少半小時攪拌至起膠。藥材必須按特性分階段下煲，每日鮮製，為保最佳藥效。

春回堂採樓上工場、地下店舖的模式經營。店分為兩層：二樓是儲存、製藥及煮茶的工場，地下則是醫館、藥局及涼茶舖；這是從前不少商家後工場、前店舖的變奏。而且也採用了創新的設計：安裝吊臂吊起幾公斤重的藥渣，員工不用再以人手用竹竿挑出藥渣；運輸管直接將現煮涼茶運到地下，儲存在金屬大壺作為販賣。另外，還有專用升降機將看病客人的一壺壺藥茶，送到地下供客飲用。其中最大的現代化設備是大冰櫃，利用低溫避免藥材生蟲變質，取代使用燻過硫磺來達防霉之效的藥材。

兩代店主傳承創辦人對員工、藥材和客人的認真，如同店裡紅底金漆的牌匾之意「遵法依韓康」——韓康是一個古代賣藥的人，其意念就是認真、不二價。春回堂的賣藥宗旨便是跟隨韓康作風，希望能夠頂天立地，以藥濟世，造福人群。

店裡有懂英語的中醫駐診，還設有中藥圖書館，身兼行醫和中藥教育環保的推廣角色。一幅貼在店外的對聯，「春日芝蘭茶香遠送，回天有術正藥活人」，則是出自60、70年代著名相學師傅，被春回堂老闆治好頑疾的黃掌源。這份心意令春回堂贏得不同國籍客人的心，店內的各種提字墨寶，便是最好見證。

地址／中環閣麟街8號地下
交通／港鐵香港站C出口，步行約5分鐘可達

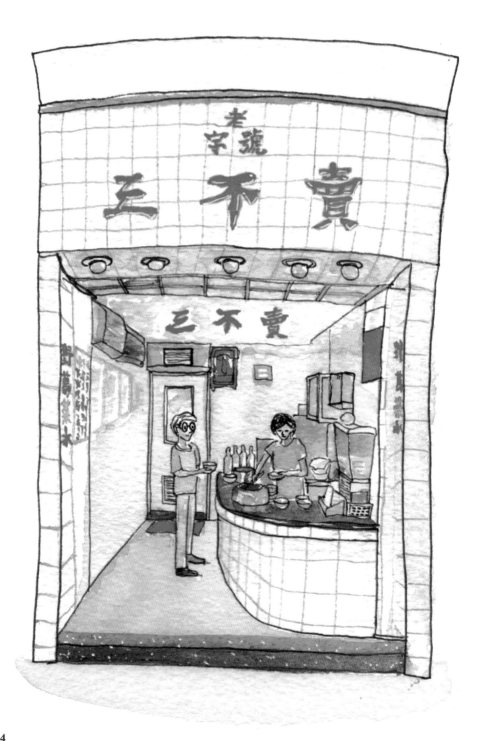

三不賣野葛菜水 ———
獨枯一味三不賣

香港的涼茶舖，從前有不少都是單賣一款飲品，但為了應付店租壓力，後來兼賣其他產品。而位於灣仔的三不賣，只單賣一種清熱涼茶野葛菜水，其名已成葛菜水的老字號。

三不賣的店名，是該店一直以來經營的宗旨：「不夠材料不賣，不夠火候不賣，地方不夠乾淨不賣」。1948年開業至今，左鄰右舖都因高昂店租而不斷轉手，唯獨它仍堅守原址，成了灣仔街坊的涼茶舖。

野葛菜，又名塘葛菜，為草本植物。其功效為清熱解毒、止咳利尿。店主加入羅漢果、龍脷葉、陳皮、杏仁、蜜棗等，用小火慢熬十幾個小時製成野葛菜水。早年葛菜水其實是與生魚一同熬製的，自從店主信佛後，便棄用生魚，改用中藥方來製作。

葛菜水味道先鹹後甘甜，如覺得不夠鹹，櫃檯上有小碗海鹽，可供客人自行調味。不少晚睡而有熱氣的香港人，下班經過都會喝上一碗。貼心的店主，會將熱的葛菜水盛於碗中放涼，再依照客人的喜好調整入口熱度，讓匆忙的客人可以一次飲完。

要是覺得廿四味太苦，葛菜水是另一個清熱易飲的涼茶之選。

地址／灣仔莊士敦道226號富嘉大廈地下
交通／港鐵灣仔站A3出口，步行約5分鐘可達，靠近茂羅街

楊春雷涼茶舖 ————
百年歷史 廿四味

1912年開業的灣仔老字號楊春雷，由第一代掌門人楊泗海，在清末南下行醫後創立。傳於第二代楊穗楠時，曾於1970年經歷拆遷，最後於原址重建，現由第三代楊文佳經營。這也是繼三不賣之外，另一家獨賣一種涼茶 —— 廿四味的街坊涼茶舖。

長輩常說的苦口良藥，便是指這種集合多種藥材的苦味濃涼茶。始於殖民初期，因西醫仍是英人專利，苦力們有感冒不適，都會喝一杯廿四味來治癒，不少人更將其當作保健飲料。楊春雷之名，取店主之姓楊，而春雷，意即春雷過後萬物重生之意。至今楊文佳仍堅守爺爺的廿四味藥方，只為做好老招牌。

簡單的地舖店面仍保留前舖後居的模式，街坊熟客跟店主都有默契，一手拿起杯一飲而盡，另一手則將錢放在桌上。有的熟客常到訪，但幾年過去，楊老闆都不知其名。近年灣仔經歷不同的收購和重建，楊老闆抱著聽天由命的心態；楊春雷能留下多久，就會為大家服務多久，繼續在灣仔傳味。

地址／灣仔春園街29號
交通／港鐵灣仔站B2出口，步行約4分鐘可達

恭和堂 ————
龜苓膏創始店

龜苓膏是另一個受港人歡迎的中醫食療。自
1904年在港經營的恭和堂，是香港龜苓膏的始
祖。近百年都堅持只靠龜苓膏、廿四味和菊花
茶三種中藥食品為業。

龜苓膏有說是清朝太醫嚴綺文所創，其目的原
為治療同治皇帝風流病的中藥。1904年其子嚴
其昌帶著父親的藥方來港，於油麻地廟街106
號創辦恭和堂，行醫兼賣龜苓膏、廿四味和菊
花茶三道藥膠涼茶。而廟街一帶是尋花問柳之
地，因此恭和堂的龜苓膏亦延續了治風流病的
任務。隨民生所需，時至今日，龜苓膏已成為
清熱氣、治暗瘡、癬疥、癩痢等皮膚病的藥方。
恭和堂的龜苓膏用18種藥材熬煮而成，藥材主
要成分為龜板和土茯苓。前者含有膠原蛋白，
對皮膚有益；後者祛濕解毒，兩者同服，便達
潤燥護膚和清熱解毒之效。

90年代涼茶舖競爭激烈，迫使恭和堂不得不轉型變革。1996年開始，加入了雪
梨茶販售，之後再加推六款涼茶，並增設凍食龜苓膏和小盅龜苓膏。而且放下
堅持不加糖以達最佳藥效的食法，於店內提供糖粉、糖水，讓怕苦的食客自己
調味。不過，應堅持的原則還是有所堅持：各店每日銷售逾兩千盅的龜苓膏，
全是由四間前店舖後廚房的主廚日日鮮製。所有的龜苓膏涼茶，需於1小時內送
到工場以外的分店，賣不完均會倒掉，以保持產品的新鮮度及最佳藥效。

另外，每間店裡都會使用三個形狀像葫蘆的銅爐，以盛放涼茶及龜苓膏。那是源自先父遺訓：中醫懸壺濟世，葫蘆（與壺同音）跟煉丹銅爐代表著恭和堂的精神，一直持守至今。而要在追求新穎的市場下生存，百年老字號也不斷在家傳祕方中努力求變。

地址／油麻地吳松街15-17號地下

交通／港鐵佐敦站A出口，步行約6分鐘可達

源吉林 ———
始於清光緒 18 年的涼茶

另一種香港的老字號平民醫藥，是源吉林的「盒仔茶」。

清朝道光年間（1821-1851年），源氏先族源吉華將中醫藥之術與普洱茶結合，研創了「源廣和」養生普洱，於酒樓、茶居盛行一時，也是甘和茶的起源。源氏兄弟本經營顏料店，因當時瘟疫蔓延，而有平價賣藥以救濟窮人之念。1906年，在廣州市興隆中街二號開設源吉林廣州分店，並在上環乍畏街120至122號開設香港分店 —— 源廣和號，及後才在1923年搬入現址，邊賣顏料，邊賣甘和茶。

源吉林位址的唐樓建築，也是上百年歷史的古董。唐樓建於1889年，源氏1906年遷入店舖，之後直接購入，建築至今仍保留當年裝潢。地下作為前台銷售，一樓及二樓分別為貨倉及宿舍，老闆源汝霖之前每天收舖便回樓上睡。樓上還設置有廚房，近年已棄用。正門的紅色大木門牌相當醒目，當年在鐵閘後還裝上了木門，中間留一個小洞，晚上有客人敲門時，仍會賣茶給他們。現今只留下裝門的槽。

進門的櫃面從開舖沿用至今，是從樹上鋸下的原塊紫檀木所製造。後邊的木櫃還放著一樽樽硃砂。天花板有一洞口可與一樓連接，作為吊貨到一樓，或把收到的錢吊上去的通道，因為一樓較為安全。地磚年代源自20世紀，窗框為滿洲設計；搭高的貨架，則是為了避免茶葉因浸水弄濕而加建。源氏一直都沒有翻新唐樓，是香港現存一幢狀況良好，並以原來經營模式運作的第一代唐樓。它要被列為一級歷史建築，相信指日可待。

源吉林甘和茶選用未製過的原茶葉，再配上35味藥，以「九蒸九曬」的古法
程序煉製而成。兼具寒涼、溫熱藥，集寒、熱、溫、涼為一體，使得藥性溫和，
能預防和醫治感冒，有效祛濕熱，消滯清脂又不傷脾胃，還可作解酒之用。
每年6-12月都是賣茶的旺季，因為味道甘和，價格相宜，70年代更有人會於
茶館著人沖一壺，當普通茶來喝。第五代源氏傳人源汝霖至今仍然牢記祖訓：
「但願飽餐長久飯，務須多種吉祥花」，盡力維持甘和茶的廉宜售價，讓一
般大眾可以買得起，傳承提供平民醫藥的慈善事業。

地址／上環蘇杭街112號

交通／港鐵上環站A2出口可達

雷生春 ———
古蹟活化涼茶舖

雷生春，是繼源吉林之外，另一座上居下舖的傳統港式唐樓涼茶舖。其建築是由九龍巴士創辦人雷亮家族，邀請建築師布爾（W.H.Bourne）為雷家設計的家族物業，於1931年完工。

地下和一樓是讓身為中醫師的同鄉兄弟雷瑞德行醫的中醫館及藥店，其他樓層則作住宅用途。「雷生春」之名，源於雷氏家族的對聯「雷雨功深揚灑露，生民仰望藥回春」，意指雷氏製藥能妙手回春，當年售賣的「八寶跌打刀傷藥露」便廣受歡迎，更行銷海外。隨著雷亮於1944年逝世，藥店繼而結束，80年代雷家後人亦遂一遷出。大宅荒廢後，更有繪聲繪影的鬼故事傳出。

古蹟於2003年被贈予政府，2009年被列入一級歷史建築物。從前設有露台的標準舖居，一般是本地承建商仿照「畫本」設計及建造，而雷生春則是獨特為雷家量身打造，因此有不少特色細節。建築物糅合了裝飾藝術風格中的橫線設計（建築物的方形框架），以及鮮明的古典元素（見於欄杆裝飾）；地下石磨支柱、寬闊又能遮光擋雨的露台，跟頂層外牆嵌有中藥店號的石匾，都是香港戰前唐樓的特色。

2008年浸會大學申請「活化歷史建築伙伴計劃」，為雷生春活化重修計劃書獲得批准。2012年竣工重新開幕，成為中醫藥局涼茶舖及博物館，提供中醫內科、針灸和推拿等治療服務，每日有五位中醫師駐診。地下涼茶舖販售浸大配合季節或天氣改變的祕方涼茶，傳承雷生春往日為區內居民行醫之任。更定期設有免費導賞團，讓大眾了解往日雷家大宅之美。

今昔樓層用途對比

天台	今	中藥園圃，作為教學用途
	昔	無用途
三樓	今	診治室及治療室，設有唐樓和雷生春活化過程展覽
	昔	住所、廚房及廁所、露台
二樓	今	診治室及治療室，設有中醫藥炮製方法展覽
	昔	住所、廚房及廁所、露台
一樓	今	藥房，設中醫藥發展展覽
	昔	住所、廚房及廁所、露台
地下	今	涼茶販賣處，設有雷氏家族資料和雷生春古物展覽
	昔	跌打藥店，靠塘尾道的一面設有後院

地址／九龍旺角荔枝角道119號

交通／港鐵太子站C2出口

圖解涼茶舖設計

❶ 杯和碗

60年代至今都沿用透明玻璃杯跟瓷碗，涼茶熱飲最有效。把熱茶預先倒在碗或杯中，可讓客人即時入口。杯上面放不銹鋼杯蓋可防塵保溫，有的則用玻璃蓋放於碗上。

❷ 涼茶檯

店舖都會在門口邊放一張長方形的檯子，有些材質為磁磚製作，有的是雲石，有的上邊有一層不銹鋼，上面放著涼茶罐，還有不同的小牌子列出各種涼茶名字跟藥效解說。

❸ 地磚

不少老舖的地磚都是70年代流行的樣式。

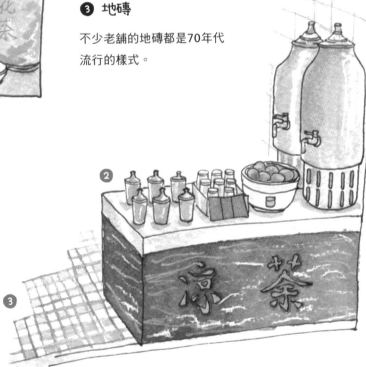

涼茶瓦煲　　　　保暖壺

❹ 涼茶壺

60年代時，因木頭攤車太小，所以涼茶會連渣一整鍋放於車內，另用保溫水壺保溫。

進駐店舖之後，使用不銹鋼涼茶壺來存放已去渣的熱涼茶，一扭水喉，涼茶即流出。有些則會用煲涼茶的瓦煲儲存涼茶。

70年代冰櫃開始流行，開始出現了冷飲保存機，用冷水滾動保冷，同時為涼茶舖在炎夏時吸引更多客人上門飲用。

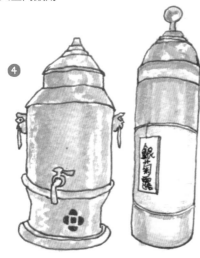

各式不銹鋼涼茶壺

港式甜品

正餐之外的糖水小食

港人身分與集體回憶

香港的街頭小食，約始於開埠時，華人為了生計而在街頭擺賣的小販。1950至70年間是小販的高峰期，熟食小販為學生上班族及苦力們提供了廉價食品。串燒、粥品、涼粉、豆腐花、缽仔糕、腸粉、牛雜、碗仔翅和雞蛋仔等，都是當時廣受歡迎的小食。70年代，政府為整頓市容，不少攤販轉為大牌檔，但也有為數不少的無牌小販經營至80、90年代。

至今，在政府嚴厲控管之下，無牌小販擺賣的街頭小食，只有農曆新年才能於特定的某些區域找到。香港的各種小食，陪伴了80年代前後出生的港人一同成長，並成為大家的集體回憶、身分認同及文化產物。

港式糖水的習慣，主要是受廣東食療文化所影響。而因應華南氣候，除了涼茶，糖水是另一個受港人喜愛的食療，按節氣、時令進食不同種類，可滋潤補身。80、90年代，各國水果進口香港，讓糖水由傳統形式，轉型至今日的西式甜品。如涼茶老字號許留山於1992年首創「芒果西米露」，奠定了其「港式鮮果甜品店」的新定位，為港式甜品發展帶來新方向。

工序繁複的糕點

香港傳統小食還包含各種中式糕點，60、70年代由避戰的中國人引入香港，從街邊小販販賣至店舖經營。當中最為人津津樂道的缽仔糕，已成了香港人的一個集體回憶和身分認同。另外還有紅豆糕、白糖糕和芝麻糕等傳統糕點，被米其林於2016年將老字號坤記糕品加入食品推薦，讓糕品更受年輕一代及遊客注意。而這些糕點最吸引人之處，在於繁複的工序製作和監控，方能傳遞出有溫度的美味給顧客。

千層芝麻糕

1965年開業的坤記，將傳統手工糕店作法用於芝麻糕上，將手磨芝麻米分層蒸熟，每蒸一層需時10分鐘，光蒸好一層底糕就要花上2小時。這些耗時且用心的功夫，也令坤記的芝麻糕富含濃厚的芝麻味跟亮澤黑色。

缽仔糕

有一說缽仔糕始於百多年前；清朝咸豐年間的《台山縣誌》曾記載，當時有人以小缽做成米糊糕，於外出工作時充飢，因而得名。它是70、80年代小朋友最愛的街頭小食，現在仍有不少老餅店和糕店販售，只是小缽換上直徑3寸的瓷碗，除了白糖口味，還開發了綠茶新口味。

❶ 將粘米磨成漿，
   將天津紅豆煮軟

❷ 加上黃糖，再放入直徑2寸的
   陶製缽仔中

❸ 蒸熟後取出，插入兩枝竹籤，
   便可邊走邊吃，非常便利

231

白糖糕的作法

白糖糕可說是源於順德倫教的糕點。其傳統製法是用生磨粘米發酵成米漿，發酵時間點非常重要：時間不夠發不起，太長則會變酸。米漿要浸6至8個小時，夏天則要2、3個小時。之後加糖水再大火蒸半小時，冷卻後即成白糖糕。

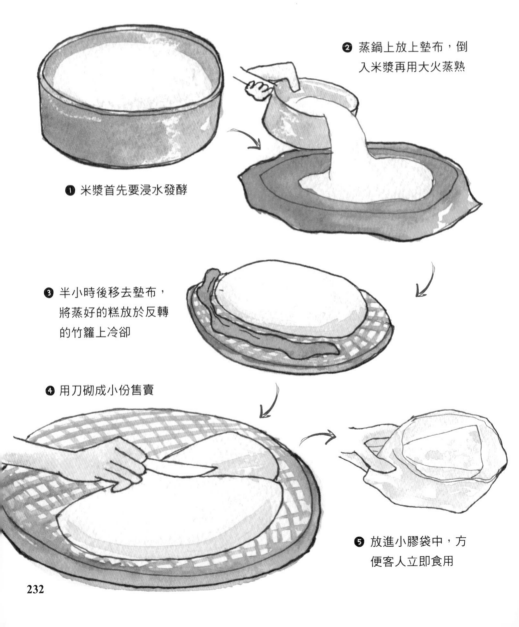

❷ 蒸鍋上放上墊布，倒入米漿再用大火蒸熟

❶ 米漿首先要浸水發酵

❸ 半小時後移去墊布，將蒸好的糕放於反轉的竹籮上冷卻

❹ 用刀砌成小份售賣

❺ 放進小膠袋中，方便客人立即食用

保持傳統做法的糕店老字號

坤記糕品

始於60年代，糕點日日鮮製。使用新舊混合的粘米製作，新米硬，舊米軟，兩者互搭，讓糕的質感軟硬適中，有米香，富彈性。除了缽仔糕，其紅豆糕和芝麻糕也都口感十足。

地址／深水埗福華街115-117號北河商場地下10號舖（北河街交界）
交通／港鐵深水埗站B2出口，步行約1分鐘

有記茶果

缽仔糕只有咖啡色的黃糖口味，但可以選擇無豆或有豆的兩種。如果想一嚐糕點的原味，那一定要試一下無豆缽仔糕。

地址／大埔鄉事會街8號；大埔墟街市及熟食中心2樓20號舖
交通／港鐵大埔墟站A1出口，步行約7分鐘可達

信興隆食品

堅持全部手工製作，是有著70多年歷史的缽仔糕老大哥。黃糖是最受歡迎的口味，而白色的缽仔糕是用椰漿及白糖製成，故味道帶有少許椰香。

地址／土瓜灣馬頭圍道182-186號地下
交通／港鐵何文田站A2出口，步行約10分鐘可達

卓越食品餅店

專賣中式傳統餅食，其招牌缽仔糕，是用上真正2寸的小缽盛裝，剛好一個可小巧入口。口感彈牙不會太粉，帶有港人兒時缽仔糕的味道。

地址／西環皇后大道西183號地下
交通／港鐵西營盤站A1出口，步行約1分鐘可達

街坊豆品滋味

豆腐，一道簡單的食材。好吃的豆腐花，不在甜點店，而是豆品廠。

香港的豆品廠都是前舖後工場的經營模式。師傅每日清晨起床鮮製豆腐、豆卜還有豆皮和腐乳，為到街市購買食材的人提供價廉物美的豆品，還可吃一碗豆腐花，飲一杯豆漿稍作休息。在香港的不同社區街市，都可找到一家小型豆品廠。

尚存的老字號中，又以位於深水埗平民區的公和豆品廠最享盛名，因其歷史、無食牌風波及登上米其林推薦所致。公和是深水埗街坊日常的一部分，在1893由駱公和創辦，現址於1958年設立，2019年之後便有60年歷史。公和原店東在1996年移民，本是熟客的蘇崇廉之後接手經營，希望能將老字號延續下去，現在交由第4代傳人蘇意霞掌舵。為了傳承老字號，她翻新了店舖和申請食肆牌照，翻新後店中仍保留了昔日的牌匾、地板的綠色小地磚、木檯木椅櫈，還有印上公和豆品的瓷碗，予人不少懷舊感。

1960年，駱公和亦於九龍城福佬村道開了分店。易主後分店不如深水埗總店出名，但在潘家打理下，老店反而凝住時空元素，還有九龍城的變遷，更有一番風味。

現存於其他社區的豆品老字號

廖同合荳品廠
始於1961年
地址／旺角廣東道1067號

人和荳品廠
始於1960年
地址／旺角奶路臣街3號E

義香荳腐食品
始於1970年代
地址／九龍城衙前塱道74號地下

德興隆豆腐舖
始於1955年
地址／北角馬寶道1號Q地下

順興隆桂記荳品廠
1980年，廖桂清從家族老店「廖同合」出來，自創品牌「順興隆」
地址／長沙灣順寧道451號

關興記
始於1928年，全盛時期有兩間舖及工場、兩個地下室
地址／西環西營盤第3街65號地下

看似簡單的豆品，為了追求新鮮，其實需要花上不少心血製作。為了講究品質，需得分批小量生產，首輪於凌晨2點到6點製作，次輪於早上8點再做，最後是下午再做第三批，才能應付需求。炸豆卜選用較扁、厚實的豆腐，將一板豆腐切成約20乘20共400塊份量，浸水發脹才下鑊人工油炸，每塊豆卜粒都充滿了用心與豆香。公和更首創煎釀豆卜，成為流行至今的豆品小吃之一。不論任何年齡，行經街市到豆品廠吃個豆花，飲杯豆漿，已經成為一種健康小食的習慣。

石磨豆腐製作過程

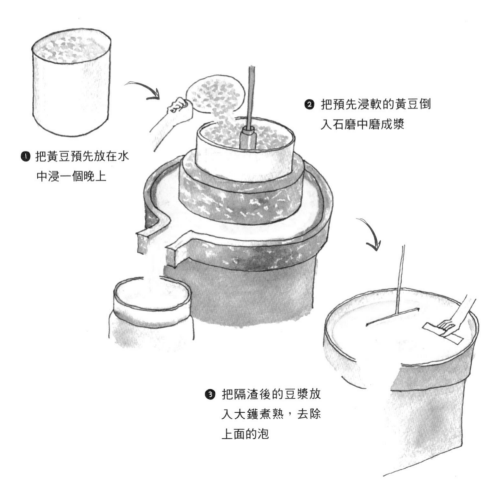

❶ 把黃豆預先放在水中浸一個晚上

❷ 把預先浸軟的黃豆倒入石磨中磨成漿

❸ 把隔渣後的豆漿放入大鑊煮熟，去除上面的泡

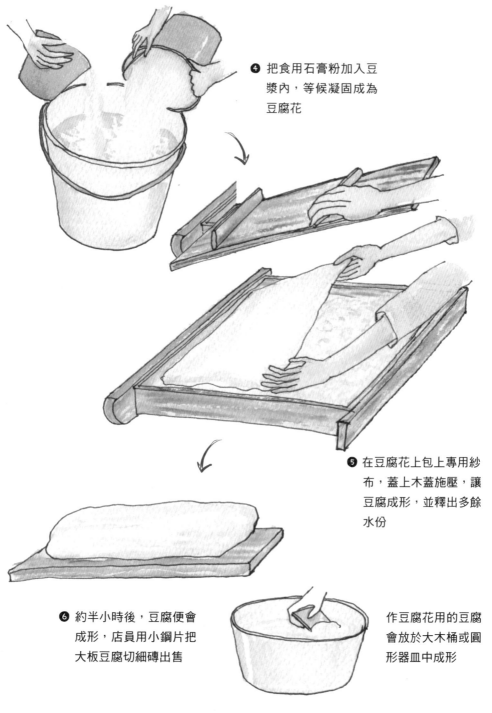

❹ 把食用石膏粉加入豆漿內，等候凝固成為豆腐花

❺ 在豆腐花上包上專用紗布，蓋上木蓋施壓，讓豆腐成形，並釋出多餘水份

❻ 約半小時後，豆腐便會成形，店員用小鋼片把大板豆腐切細磚出售

作豆腐花用的豆腐會放於大木桶或圓形器皿中成形

源記甜品專家 ————
港大學生至愛

在香港大學讀書，有住宿舍或者參加社團的學生，應該都會認識源記。每個飯聚後的晚上，學生都會到源記吃一道甜品，才會心滿意足的各自回家或宿舍；它亦是不少英治時期街坊的童年小食店。

源記第一代在1885年左右於上環荷李活道創業，主要為華人和勞動階層提供價廉味美的甜食。70年代中因重建才遷入現時的自置物業，是全港現存最古老和歷史悠久的甜品店。

其因真材實料享富盛名，傳承到第三代仍堅守傳統。甜品品項眾多，有煲至入口即化的紅豆沙；使用上等湘蓮、手工去芯，用桑寄生煲和浸至蛋白全黑的桑寄生蛋茶；用古老花崗石磨磨成，以達幼滑口感的芝麻糊、核桃糊等；至於那清香的純正雞蛋糕，更是坊間找不到、無可取代的小食。它是港大學生代代相傳的甜品回憶，亦是品嚐傳統手工甜品的不二之選。

地址／西環西營盤正街32號
交通／港鐵西營盤站B1出口，步行約2分鐘可達

傳統與現代 ———

港式糖水甜品種類

基本款「二沙三糊」

海帶綠豆沙

蓮子陳皮紅豆沙

兩款都是廣東傳入的傳統糖水，酒樓晚餐後附贈。有些大牌檔也有販售，供應給平民大眾食用。煮得好的紅豆沙是豆溶於湯，呈流沙狀。綠豆沙則是清熱氣之選。

芝麻糊

有潤腸補肝腎、白髮變烏黑的作用。小時候我經常和家人在大牌檔食用這款甜品，最美味的是煮至厚實的口感，每次都會吃到滿嘴黑，畫面逗趣。

核桃糊

用原粒核桃磨製，有補腦、潤腸防便祕、抗衰老、增強皮膚彈性之效。傳統糖水店販售。

用原粒花生磨製。可溫暖及滋潤身體、順喉順胃。花生含豐富的蛋白質，有健脾和胃、潤肺化痰、益氣止血之效。屬傳統糖水小食。

杏仁糊

一般採用南杏加少許北杏研磨煮成，有些也會採用龍皇杏（即南杏中較大、較優質的品種，杏仁味濃，不是人人喜愛這口味）。有滋潤功效，為秋冬滋補之選。

腐竹蛋糖水

看似簡單易煮的糖水甜品，卻有各種不同版本：蛋花、雞蛋；有的會加入薏米；有些則會加入白果，有滋潤養顏功效。

薑汁湯圓

本為冬至、年三十晚、元宵節的節慶食品，但因薑汁暖胃，故成了冬天流行的糖水甜食。從前媽媽們會在家自製湯圓，現在人們都愛在外邊吃。

喳咋

傳統糖水之一，有說是源自澳門，名字取音自葡萄牙語「雜糧」。有說是從前阿婆小販在街上賣，故又稱作「阿婆粥」。內有多種豆類，包括：紅豆、綠豆、眉豆、紅腰豆、三角豆等，口感豐富。

桑寄生蓮子蛋茶

甜而不膩的糖水甜食，可行氣活血、降血壓、寧神安眠、治經痛，對肝腎有益，有安胎作用，是女性喜愛的甜品首選。

西米露

西米露別名西谷米，源自印度尼西亞，採用木薯粉、麥澱粉、苞谷粉等加工而成，或由棕櫚科植物提取的澱粉製成，像珍珠般的加工米，分大中小顆粒。原是二戰時日軍的一種軍糧，用以補充糖分。經煮熟後軟韌Q彈，有廣東人使用它來煮糖水，成了香港人的西米露。有溫中健脾、治脾胃虛弱和滋潤肌膚的功效。

木瓜雪耳

冬天受港人歡迎的滋補養生糖水，有人會在家用燕窩取代雪耳煮這道甜品。

涼粉

跟台灣的仙草用相同的植物製成。兩者
都用大量糖來除去原來的甘苦味。台灣
會加木薯粉使質感變得有嚼勁；香港則
使用粘米粉和粟粉，使口感較為爽滑彈
牙，配上水果和豆腐花等食用，形狀多
切成小方塊。

薑汁番薯糖水

廣東人的傳統糖水。因暖胃驅寒，是秋冬
受人歡迎的甜品基本款。

楊枝甘露

有說是由成名於利苑的名廚黃永幟所創。
原創顏色偏白，選用菲律賓呂宋芒、泰國
金絲柚和美國紅柚、普通西米；糖水底由
芒果茸跟忌廉調製。流行坊間後，各間糖
水舖都有各自的做法，味道各異顏色大多
偏黃，食客得要自己找尋喜歡的口味。

芒果班戟、榴槤班戟

改良自西式班戟的港式甜品，有說創立於
1995年的滿記是始祖。當年推出榴槤班戟
後，這款味道濃，皮薄餡滿的甜點，成了
現代港式甜品的代表。

雞蛋仔 ———
從社區小食到揚威國際

提起雞蛋仔，便會勾起不少60-80年代港人的集體回憶，是一種會引起港人身分認同的小食。雞蛋仔源自50年代的街頭小販，有說是賣雜貨的商店，為了不浪費破損的蛋，低價出售給小販，加上麵粉和牛油，便創出雞蛋仔和格仔餅。

炭燒雞蛋仔木頭車

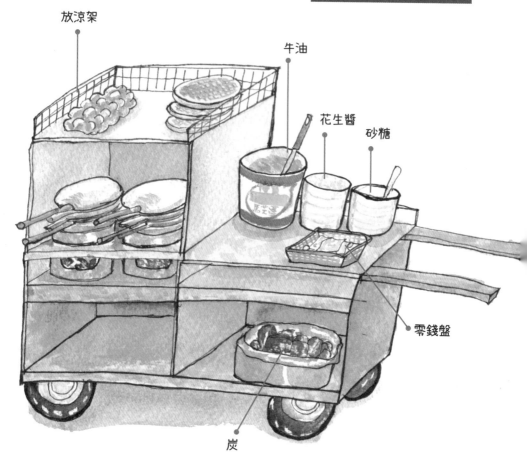

放涼架

牛油

花生醬

砂糖

零錢盤

炭

傳統雞蛋仔作法

Step 1

混蛋漿

蛋漿混合牛油（每個小販都有其配方）

Step 2

倒模

將蛋漿平均地倒進一個個小球的鐵模中
（餡料實心，需將蛋漿份量控制得宜）

炭燒

把模具放在炭爐上烤，
烤的時間，還有反轉的
時刻準確掌握

Step 3

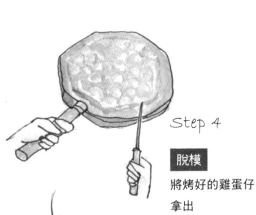

Step 4

脫模

將烤好的雞蛋仔
拿出

放涼

放在鐵網上放涼一會

Step 5

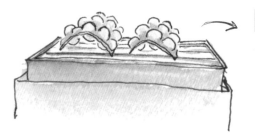

入紙袋

放入紙皮袋中，
食客可邊走邊吃

Step 6

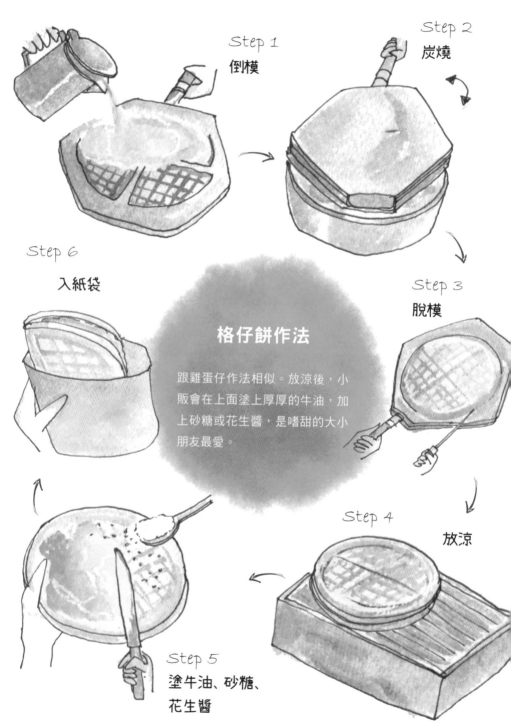

Step 1
倒模

Step 2
炭燒

Step 6
入紙袋

Step 3
脫模

格仔餅作法

跟雞蛋仔作法相似。放涼後,小販會在上面塗上厚厚的牛油,加上砂糖或花生醬,是嗜甜的大小朋友最愛。

Step 4
放涼

Step 5
塗牛油、砂糖、
花生醬

不少80年代或之前出生的港人，大概都曾於街上的木頭車小販買過雞蛋仔。自70年代後期，小販牌不再發出，這些雞蛋仔小販要不就是被檢舉而結束營業，要不就是進入店舖販售。相當有名、在大坑賣炭烤雞蛋仔的伯伯離世後，香港大概只剩下大澳有一家在販售。為應付高昂的租金，入舖後的小店，不斷推陳出新現代版雞蛋仔來吸引客人，因而延伸出各種創意種類。

創意雞蛋仔類型

一般雞蛋仔店販售口味

· 朱古力
· 芝麻

媽咪雞蛋仔販售口味

· 抹茶朱古力
· 肉鬆白芝麻
· 香蕉朱古力

· 抹茶紅豆
· 紫菜栗米
· 紫薯

黑芝麻麻糬雞蛋仔
+
抹茶雪糕

蘋果批雞蛋仔
+
海鹽焦糖雪糕

榛子朱古力雞蛋仔
+
低脂牛奶軟雪糕

雞蛋仔配雪糕

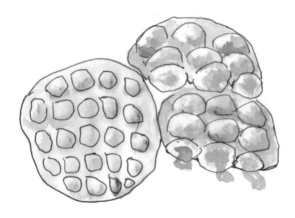

其他異國風味

· 星洲滋味：班蘭雞蛋仔（新
　加坡班蘭汁調製）
· 台灣特產：土鳳梨酥雞蛋仔
· 台港混種：流心蜂蜜雞蛋仔

雞蛋仔除了由港人引入台灣、新
加坡和馬來西亞吉隆坡外（有不
同創意款式的品牌），還被波蘭
人Oleg Sabsay於2014年創辦的
Bubble Waffle品牌，透過特許
經營模式，讓雞蛋仔揚威波蘭、
烏克蘭、奧地利、俄羅斯、新西
蘭、拉脫維亞和哈薩克等地。

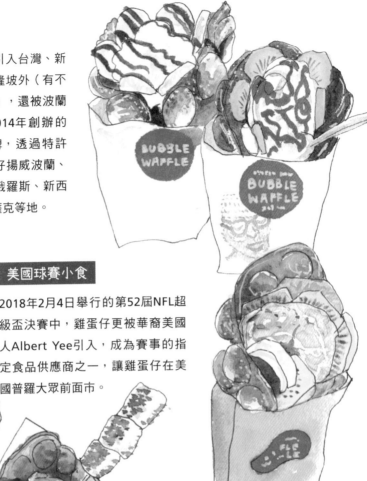

美國球賽小食

2018年2月4日舉行的第52屆NFL超
級盃決賽中，雞蛋仔更被華裔美國
人Albert Yee引入，成為賽事的指
定食品供應商之一，讓雞蛋仔在美
國普羅大眾前面市。

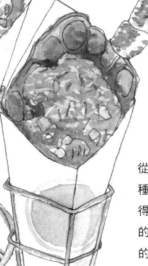

從前創造出雞蛋仔的小販，大概沒想到這
種民間小食，會被現代人甚至外國人發揮
得如此淋漓盡致，變化出這麼多五花八門
的花樣。不過，這道小食還是屬於高熱量
的前幾名小食，建議吃完之後還是要多走
一點路消耗卡路里，消消脂。

後記

寫第一本書旅行遊記《擁抱不確定》，是容易的，因為都是個人經歷和感受。

但這本寫給旅行人的指南，甚具難度。首先，是香港的餐飲店家經營變數甚大；再者，坊間已有太多具指標性的旅行推薦指南，我好像沒有要寫相同內容的理由。而且對我來說，飲食典故和當地人的生活習慣等小故事，比起哪家必吃、哪家獲獎更為吸引。主要除了自己沒有跟著指南去找吃的習慣，或者有時跟著推薦覓食，常會落得口味不符的下場，畢竟每個人的口味不盡相同。關於餐廳和食品本身的故事，才是豐富讀者旅行見聞的元素。旅行結束回家之後，沉澱在心裡的，更能深度地與別人分享除了美圖自拍及「好吃、造型佳」之外的評論。

當我在寫這本書時，從資料蒐集、到現場用餐，甚至相約訪問店主，便是在經歷一場又一場的香港尋味小旅行。我實在要感謝跟我一起完成每趟小旅行的家人朋友們，還有親切熱情的店主們。最後是給予我高度自由、支持及包容的編輯跟設計團隊，因為我想在內容跟版型上作一些嘗試，加上有不少港式用語，要轉化成讓台灣讀者可明白的文字，在時間緊迫的情況下要完成這些任務，並不容易。

有很多看似沉悶的文化歷史，換上另一個角度去演譯，便是有趣的旅行寶典。我希望這本書，可以讓一些快要被人遺忘的故事，再一次被人傳頌下去，成為大家在旅行和日常飲食時會討論的話題。

祝大家旅行香港尋味愉快，吃到你喜愛的地道滋味！

Alison Hui

2019年5月19日
邊喝錫蘭奶茶邊寫

參考資料

書籍

吳昊,《香港回望 》,香港, 創藝文化, 1990

韓伯泉,《粵菜萬花筒》,香港, 中華書局, 1990

魯言,《香港掌故4》,香港, 廣角鏡出版有限公司, 1990

張建浩, 吳昊,《香港老花鏡之香江生活舊貌》,香港, 皇冠出版社, 1998

吳昊,《香港老花鏡》,香港, 博益出版, 1999

吳昊,《香港萬花筒》,香港, 喜閱文化, 2000

甘健成,《走過六十年──鏞記》,香港, 同文會, 2002

陳曉蕾,《香港第一》,香港, 明窗出版, 2002

魯金,《港人生活望後鏡》,香港, 三聯書店, 2003

何耀生,《集體回憶之穿梭古今中、上環》,香港, 明窗出版, 2005

吳俊雄,《香港‧文化‧研究 》,香港, 香港大學出版社, 2006

爾東,《漫遊九龍屋邨》,香港, 明報出版社, 2009

周家建,《建人建智:香港歷史建築解說》,香港, 中華書局, 2010

吳昊,《飲食香江》,香港, 喜閱文化, 2011

莊玉惜,《街邊有檔大牌檔》,香港, 三聯書店 ,2011

黃家和,《沖出香港好未來》,香港, 經濟日報出版社, 2011

黃翠雯【編】,《香港築跡（下）》,香港, 香港電視廣播, 2011

黃棣才,《圖說香港歷史建築1841-1896》,香港, 中華書局, 2012

CACHe,《手下留情-中西區老店扎記》,香港,長春社文化古蹟資源中心, 2013

張帝莊,《美荷樓記──屋邨歲月‧鄰里之情》,香港, 三聯書店, 2013

施仲謀, 杜若鴻, 鄔翠文,《香港傳統文化》,香港, 中華書局, 2013

李嘉雯,《得閒去飲茶》,香港, 三聯書店, 2014

胡秀英, 關麗珊, 徐振邦,《我哋涼茶係正嘢》,香港, 突破出版社 ,2014

《老港滋味》,香港, 中華廚藝學院, 2014

梁廣福,《再會茶樓歲月》,香港, 中華書局, 2015

吳家輝,《香港人情味小吃, 港仔的巷弄老味道60+》,台灣 ,墨刻, 2016

張宇人,《金漆招牌2》,香港, 萬里機構, 2016

梁廣福,《再見舊冰室》,香港, 中華書局, 2016

譚聿芯,《咖啡手帳╳香港：咖啡職人的愛與勇氣》,台灣, 質人文化創意事業有限公司 ,2016. 182-190頁

鄭寶鴻,《香港華洋行業百年──工業與服務業篇》,香港, 商務印書館, 2016

蘇美璐,《往食只能回味》,香港, 天地圖書, 2017

張宇人,《金漆招牌3》,香港, 萬里機構, 2017

李嘉雯,《得閒飲西茶》, 香港, 三聯書店, 2017

期刊

何玉蓮 (2014)。〈大牌檔〉。《文化研究@嶺南》,41期。檢自http://commons.ln.edu.hk/mcsln/vol41/iss1/12/。

文獻.專題節目

雷生春資料冊 , 活化歷史建築伙伴計劃 ,2008

香港灣仔軒尼詩道 369及371號歷史建築評估報告, 古物諮詢委員會, 2015

《歲月留情》鏗鏘集, 香港電台, 2013-02-11

《港味 · 講味》第七集 海安咖啡室, 創動力媒體, 2012-02-28

媒體報導 (2005-2019)

飲食男女

蘋果日報

新假期

明報

東方日報

Metropop

HK01

Topick.hket.com

輔仁媒體

國家圖書館出版品預行編目 (CIP) 資料

香港尋味：吃一口蛋撻奶茶菠蘿油，在百年老舖與冰
室、茶餐廳，遇見港食文化的過去與現在
/ Alison Hui 著 . -- 初版 . -- 臺北市：創意市集出版：
城邦文化發行, 2019.06
　面；　公分

ISBN 978-957-9199-51-3（平裝）

1. 旅遊 2. 飲食風俗 3. 香港特別行政區

673.869　　　　　　　　　　　　　　108004647

2AF658

香港尋味：吃一口蛋撻奶茶菠蘿油，在百年老舖與冰室、茶餐廳，遇見港食文化的過去與現在

作　　　　者	Alison Hui	
責 任 編 輯	溫淑閔	
主　　　編	溫淑閔	
版 面 構 成	江麗姿	
封 面 設 計	任宥騰	

行 銷 主 任	辛政遠
資深行銷專員	楊惠潔
總 編 輯	姚蜀芸
副 社 長	黃錫鉉
總 經 理	吳濱伶
發 行 人	何飛鵬
出 版	創意市集
發 行	城邦文化事業股份有限公司
	歡迎光臨城邦讀書花園
	網址：www.cite.com.tw

香港發行所　城邦（香港）出版集團有限公司
香港九龍土瓜灣土瓜灣道86號順聯工業大廈6樓A室
電話：25086231
傳真：25789337
E-mail：hkcite@biznetvgator.com

馬新發行所　城邦（馬新）出版集團
Cite (M) Sdn Bhd 41, Jalan Radin Anum,
Bandar Baru Sri Petaling,
57000 Kuala Lumpur, Malaysia.
電話：(603)90563833
傳真：(603)90576622
E-mail：services@cite.my

印　　刷　凱林彩印股份有限公司
2024年06月 初版14刷
Printed in Taiwan

定　　價　360元

※廠商合作、作者投稿、讀者意見回饋，請至：
FB粉絲團・http://www.facebook.com/InnoFair
Email信箱・ifbook@hmg.com.tw

客戶服務中心
地址：115 臺北市南港區昆陽街16號5樓
服務電話：（02）2500-7718、（02）2500-7719
服務時間：週一至週五9：30 ～ 18：00
24 小時傳真專線：（02）2500-1990 ～ 3
E-mail：service@readingclub.com.tw